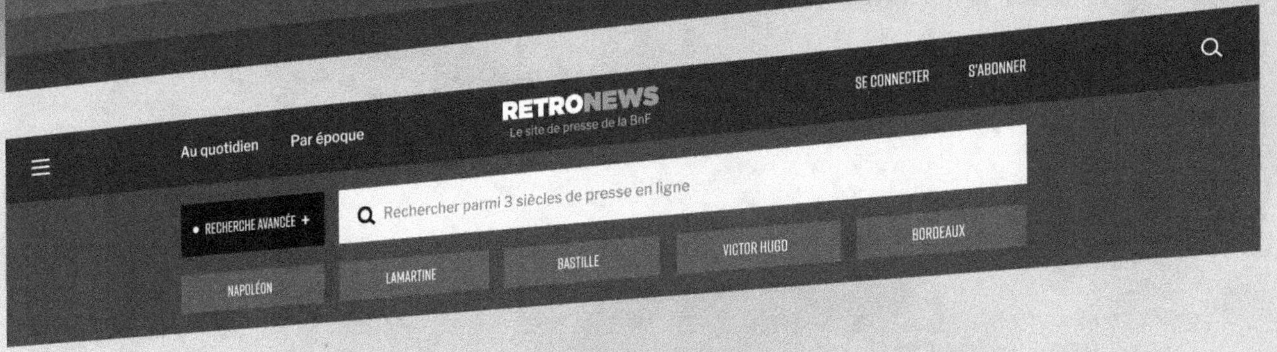

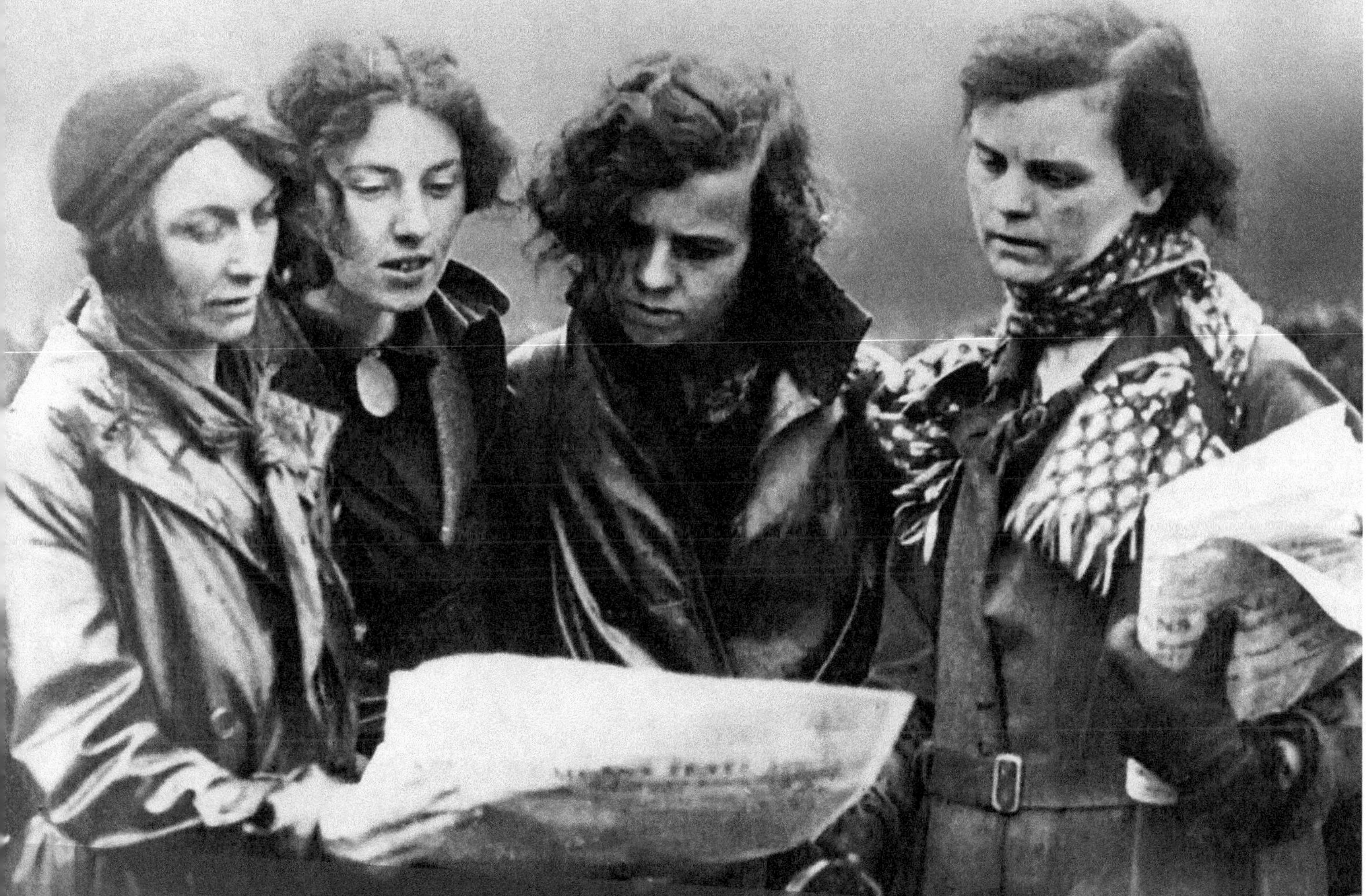

Je lègue ce livre à Mr Stephen Sellers
qui me l'avait offert
Thierry

2408 250.

3ème année

1883

Intéressant recueil de peintres du XIXème.

PARIS-SALON

Paris. — Impr. E. BERNARD et Cie, 71, rue Lacondamine.

PARIS-SALON

1883

PAR

LOUIS ÉNAULT

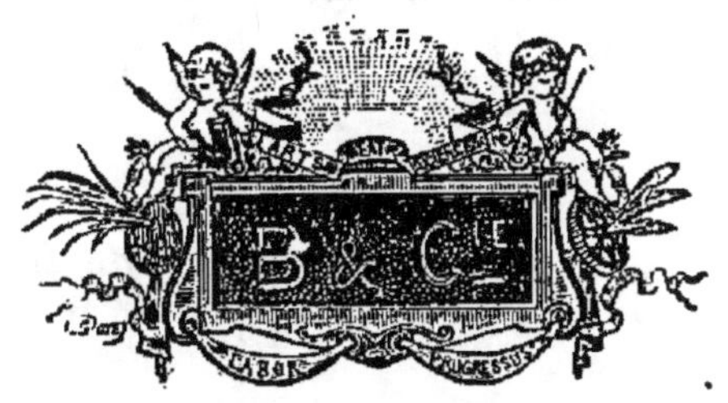

PARIS
E. BERNARD ET Cie, IMPRIMEURS-ÉDITEURS
71, RUE LACONDAMINE, 71
4, RUE DE THORIGNY, 4

1883

TABLE

ALPHABÉTIQUE

DES

NOMS D'AUTEURS

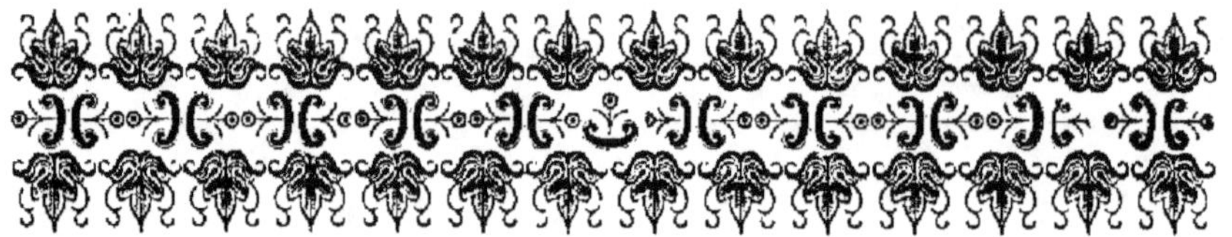

TABLE
DES MATIÈRES

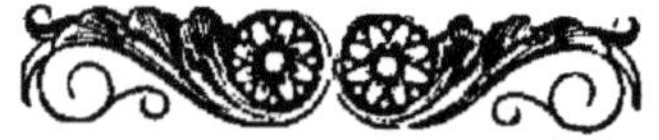

AVERTISSEMENT

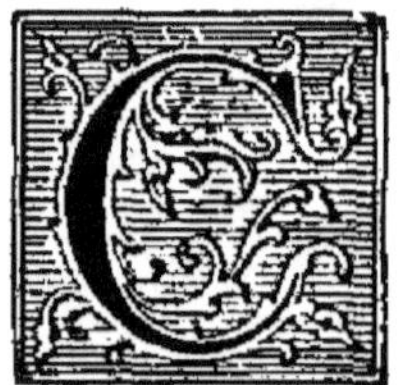

Ce livre est un salon — Paris-Salon, — et, dans un salon, jamais un maître de maison bien appris n'a songé à classer ses invités par catégories, et à leur indiquer la place qu'ils doivent occuper chez lui. Chacun, quand il arrive, prend celle qui lui convient, et si les premiers venus vont s'asseoir au coin de la cheminée, les derniers arrivants veulent bien se mettre un peu plus loin. C'est ainsi que l'on fait chez nous, où il n'y a point de fauteuils numérotés.

L'an passé, nous avions adopté l'ordre alphabétique, qui, après tout, en vaut bien un autre.

Nous n'avons pu le suivre cette année.

Les exigences de notre tirage et des nécessités matérielles d'exécution nous en ont empêché.

Voulant paraître à jour fixe, et à la date précise de l'ouverture du SALON, — au moins pour notre premier volume ; le second ne viendra qu'un peu plus tard, — nous avons dû subir la loi de notre tirage photographique, et adopter pour notre classement l'ordre d'arrivée de nos épreuves.

Les artistes dont nous reproduisons les œuvres sont tout à la fois nos collaborateurs, nos invités et nos amis, et nous ne voyons parmi eux ni premiers ni derniers.

L. E.

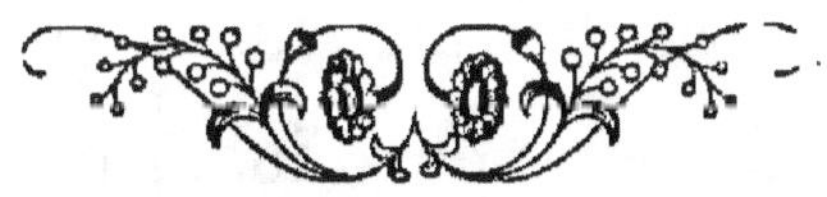

PRÉFACE

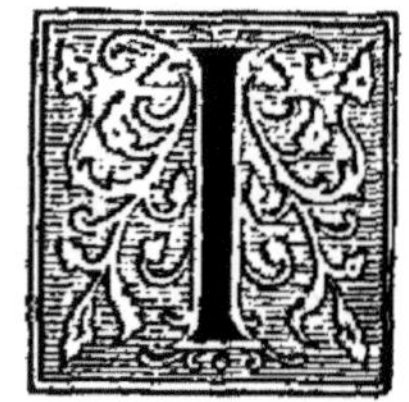

Il y a aujourd'hui trois ans, paraissait le premier volume de notre PARIS-SALON.

Nous étions alors dans l'incertitude naturelle à tout ce qui commence, et, à la première heure de notre tentative assez hardie, nous n'osions encore nous flatter de l'espérance d'inaugurer une série.

Nous étions cependant soutenus et encouragés par la pensée que nous voulions fonder quelque chose d'utile, et que notre livre répondait à un réel besoin du moment.

Pour des essais comme le nôtre, c'est là peut-être une des premières et des plus certaines conditions d'un heureux résultat final.

Nous sommes aujourd'hui une nation profondément artiste : chacun le reconnaît et le proclame. Il se trouve même des gens pour affirmer que nous ne sommes plus que cela !

J'espère que nous sommes encore autre chose, et que nous le prouverons peut-être à ceux qui en doutent. Mais ce qui est pour tout le monde un fait acquis et incontestable désormais, c'est la faveur croissante qui entoure maintenant en France, et plus particulièrement à Paris, toutes les œuvres du pinceau. Les peintres sont les vrais rois du jour.

Il y a ici, pendant huit mois de l'année, des expositions partout, et chacune d'elles a son public, et ce public trouve qu'il n'en a pas encore assez.

Nos artistes ont aujourd'hui deux palais : l'un aux Champs-Élysées, l'autre au quai Malaquais.

M. Georges Petit, qui est en même temps un expert juré et un homme de goût, vient de faire bâtir un véritable temple pour les aquarellistes, et quand les maîtres des *water-colours* ne l'occupent point, cet amateur millionnaire l'ouvre plusieurs fois chaque année à des expositions internationales du plus vif intérêt.

Les grands cercles, qui se contentaient autrefois d'une seule exposition annuelle, en ont maintenant deux ou trois, à des époques fixes et régulières, sans compter les exhibitions spéciales auxquelles ils accordent l'hospitalité de leurs salles, souvent magnifiques, toujours fort bien éclairées, dont les gens du monde connaissent le chemin, tout aussi bien que les artistes, et qu'ils n'oublieront point de sitôt.

Le Cercle de l'Union artistique, place Vendôme; le Cercle des Arts et des Lettres, rue de Volney; le Cercle des Arts libéraux, rue Vivienne; le Cercle artistique de la Seine, rue de la Chaussée-d'Antin, nous donnent, en ce genre, de véritables modèles de bonne organisation.

Voici, qu'à son tour, le Cercle de la Presse, mieux situé qu'eux tous, en plein boulevard des Capucines, c'est-à-dire au centre vivant et rayonnant de Paris, nous annonce, pour la saison prochaine, l'ouverture d'une salle grandiose, destinée, si nos pressentiments ne nous trompent, à devenir le rendez-vous favori des artistes.

Est-ce que tout cela ne vous suffit point ?

Pas encore !

Eh bien ! à côté de ces grandes églises, au n° 9 du beau boulevard de la Madeleine, on vient d'ouvrir une petite chapelle, où chacun, pourvu qu'il paie les frais de son culte, peut venir se faire adorer par ses fidèles — s'il en a. — Là aussi, pendant le cours de ce dernier hiver, nous avons pu nous convaincre plus d'une fois que la Muse de la peinture ne laisse jamais éteindre le feu sacré sur ses autels.

Toutes ces institutions, tous ces établissements suffiraient sans doute à entretenir dans les esprits l'activité, toujours si désirable, du mouvement artistique.

Mais, quelle que soit la faveur dont le public entoure ces expositions diverses, on peut dire qu'elles ne sont rien, — ou du moins qu'elles sont pour lui peu de choses, si on les compare à cette exposition officielle des Champs-Élysées, à laquelle sont conviés les artistes de tous les pays, et dont le talent seul ouvre les portes.

C'est le SALON.

Le Salon de Paris, c'est le grand *desideratum* de

tout ce qui tient un crayon, un pinceau, un burin ou un ébauchoir. C'est le rendez-vous universel de tous les artistes. Les plus fiers, les plus illustres, les plus riches, les plus honorés, les plus aimés dans leur pays tiennent à honneur de figurer dans son livre d'or.

Mais si le Salon, grâce à l'immense publicité dont il dispose, exerce une attraction si puissante, il faut bien reconnaître qu'il a contre lui son peu de durée.

Très fréquenté pendant quelques semaines, on le voit tout à coup fermer au public ses portes inexorables. Et toutes ces choses gracieuses, belles, charmantes ou grandioses qu'il nous avait montrées — parfois des chefs-d'œuvre, toujours des œuvres intéressantes — un coup de baguette les disperse, un coup de vent les emporte aux quatre coins de l'horizon. Il ne nous reste que le regret de les avoir perdues.

C'est à ce fâcheux état de chose que nous avons voulu remédier, en reproduisant, chaque année, dans notre Paris-Salon, avec une fidélité à laquelle aujourd'hui chacun rend hommage, l'ensemble des œuvres les plus remarquées et les plus dignes de l'être. Notre choix n'est guidé par aucune préférence de genre ni d'école. La seule appréciation du mérite a le pouvoir de nous déterminer.

Nous ne nous étions, au début, dissimulé aucune des difficultés de notre entreprise ; nous savions que toute chose nouvelle se fait accepter malaisément du public. Mais nous étions fermement résolu à ne nous laisser décourager par aucun obstacle, et le succès récompense aujourd'hui notre persévérance.

L'année 1883 verra paraître, à l'occasion du SALON TRIENNAL, le sixième volume d'une série, classée désormais, et devenue nécessaire à une catégorie de lecteurs, dont le nombre s'accroît de jour en jour.

Recherché de tous les amateurs, ayant sa place marquée dans toutes les bibliothèques des deux mondes, le PARIS-SALON, objet de toute notre sollicitude, comme de tous nos soins, offrira un jour aux amis restés fidèles à sa fortune les annales les plus complètes de l'ART CONTEMPORAIN.

LOUIS ÉNAULT.

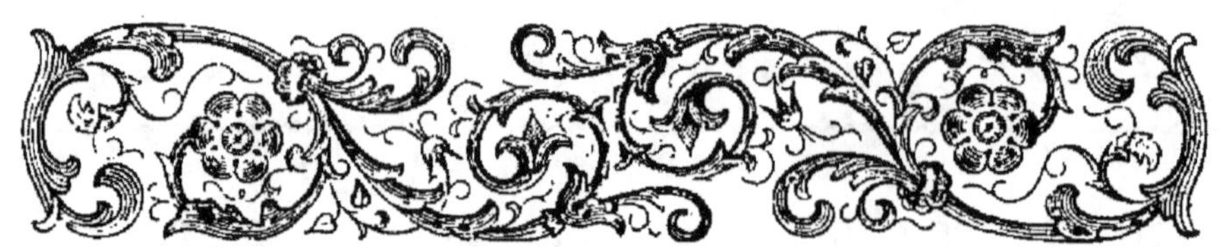

ARMAND DUMARESQ

LA BATAILLE DE BAPAUME

Armand-Dumaresq a déjà tracé un sillon profond et glorieux dans la carrière qu'il parcourt avec une infatigable ardeur. Il pourrait prendre pour *motto* la fière devise espagnole : *Adelante !* — toujours en avant! Chacun de ses pas l'a rapproché du but.

Élève distingué de Couture, après plusieurs tentatives heureuses dans des genres divers, il ne tarda point à trouver sa véritable voie, en s'attachant à reproduire les épisodes héroïques de notre histoire militaire.

On peut dire qu'il est vraiment rempli de son sujet. Je crois que, depuis Horace Vernet, personne n'a mieux connu que lui la vie, les mœurs, les types et les uniformes de notre armée. Il serait capable de passer une revue comme le plus expérimenté de nos inspecteurs généraux.

La prise de la grande redoute, à la bataille de la Moskowa ; l'épisode de la bataille de Solférino ; la charge des cuirassiers à Eylau ; la garde du drapeau ; la mort du maréchal Ney ; Cambronne à Waterloo (heureusement qu'on le voit sans l'entendre !) ; la défense de Saint-Quentin ; le plateau d'Avron ; le combat de Buzenval ; voilà — et j'en oublie ! — vingt pages grandioses et brillantes et qui mettent l'artiste hors du rang.

La *Bataille de Bapaume*, que reproduit notre Paris-Salon, possède toutes les qualités qui ont fait et qui justifient le succès de l'artiste. Le fait de guerre est saisi avec intelligence et rendu avec force, et le souffle héroïque qui anime nos intrépides soldats nous emporte avec eux à la victoire ou à la mort.

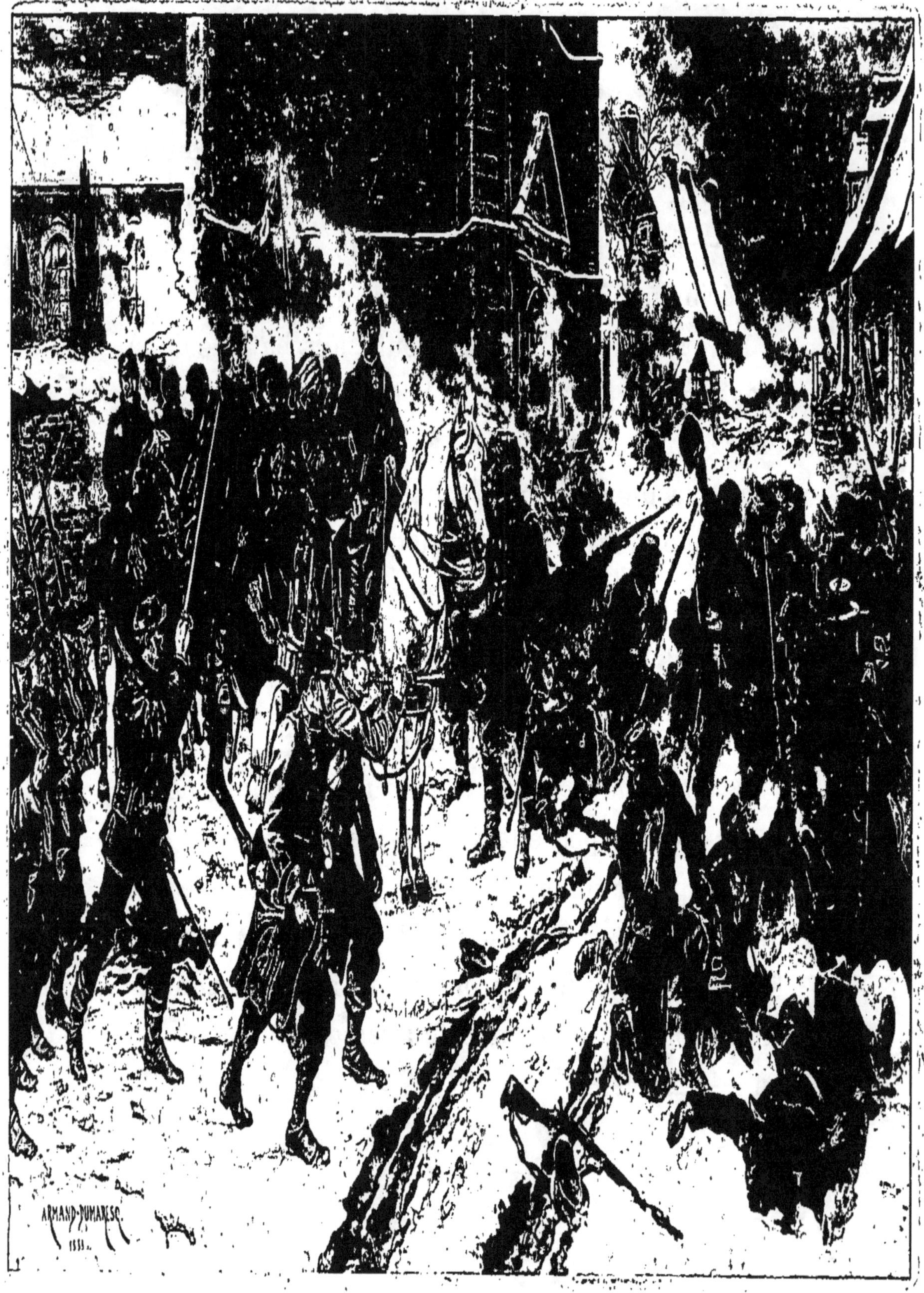
ARMAND-DUMARESQ.

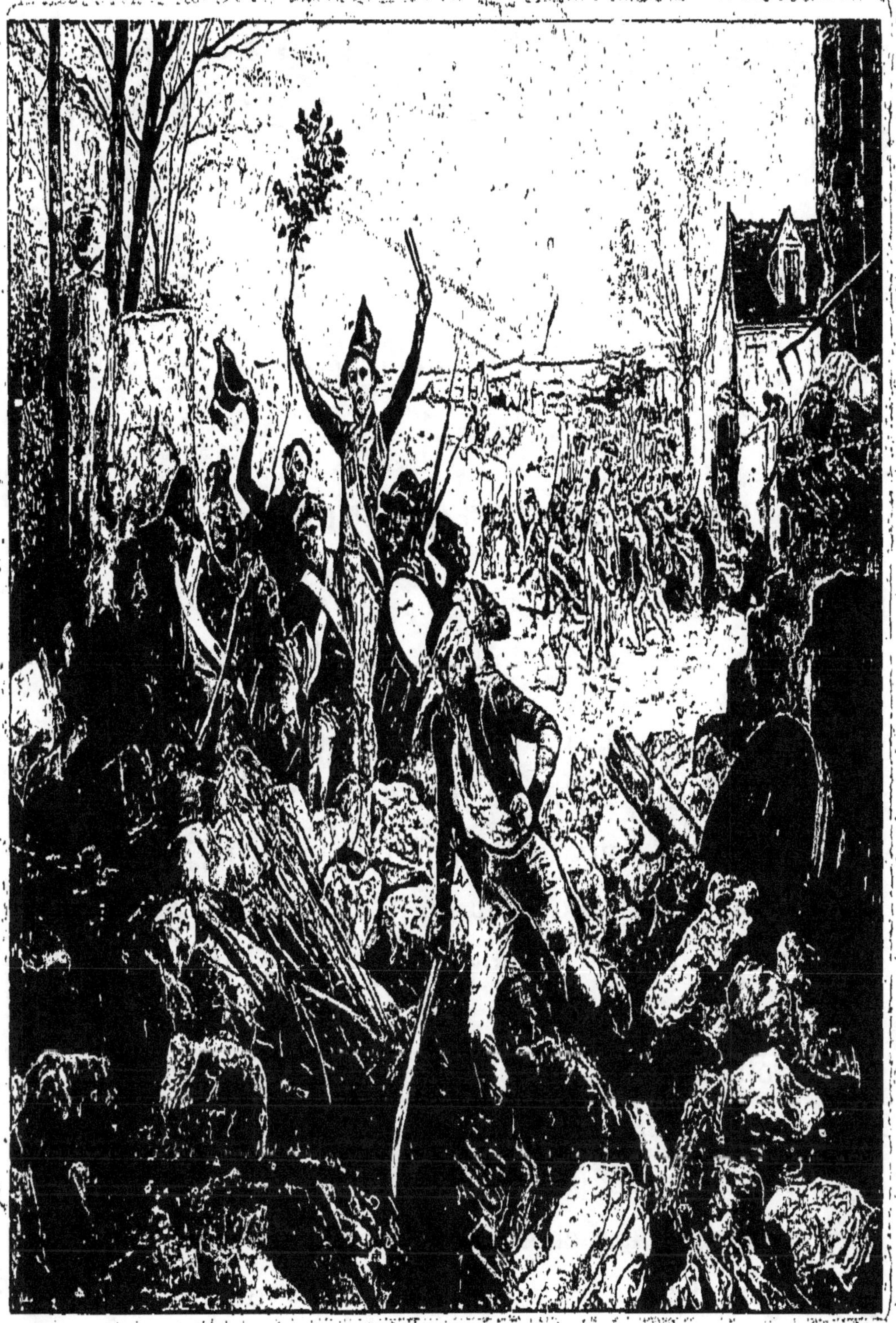

BEAUMETZ

LES LIBÉRATEURS

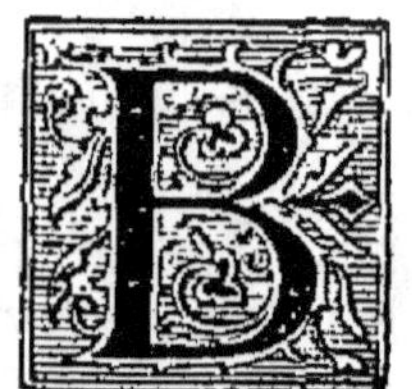

EAUMETZ est le peintre patriote par excellence. Les sujets militaires sont ceux qu'il préfère entre tous, et dans ses œuvres, grandes ou petites, il y a un souffle héroïque qui les anime, les soulève et les fait vivre.

Son tableau du dernier SALON : « Le général Lapasset brûlant les étendards de l'armée de Metz, pour ne pas être obligé de les rendre à l'ennemi », arrachait des larmes aux prunelles rigides des vieux grognards. On y devinait les frémissements de colère et l'indignation sourde d'une armée vaincue par la trahison plus que par les armes ; qui succombait sans combattre, victime de ses malheurs et non de ses défauts.

Aujourd'hui encore, c'est à l'armée de la guerre que M. Beaumetz nous conduit.

Mais, cette année, nous avons la note triomphante et joyeuse.

Nous sommes en 1794, à l'heure où l'enthousiasme ardent fait sortir vingt armées du sol sacré de la patrie ; où la France envoie à toutes ses frontières des héros prêts à vaincre ou à mourir, où la *Marseillaise* enflammée jaillit de toutes les poitrines.

Le fait de guerre est bien peint d'ailleurs; enlevé au pinceau comme à la baïonnette. L'homme blessé qui s'avance, la tête bandée, et le sabre nu, est d'un mouvement superbe. Le petit tambour, debout sur une barricade, ses baguettes dans une main, une branche de laurier dans l'autre, est un morceau charmant, d'une grâce toute juvénile. La reine des Amazones aurait engagé ce guerrier imberbe dans ses gardes du corps, — où il serait bien certain d'obtenir de l'avancement au choix.

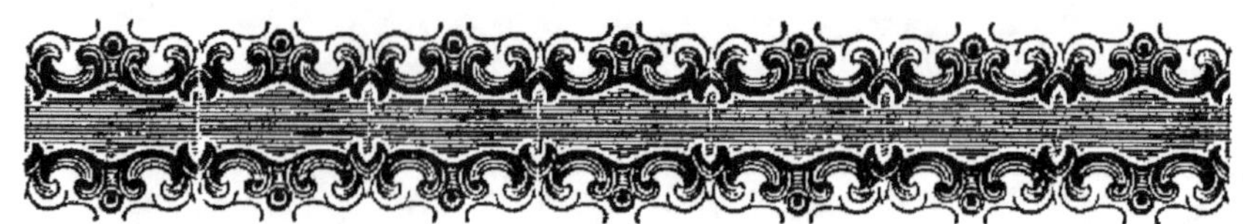

MOREAU DE TOURS

CARNOT A LA BATAILLE DE WATTIGNIES

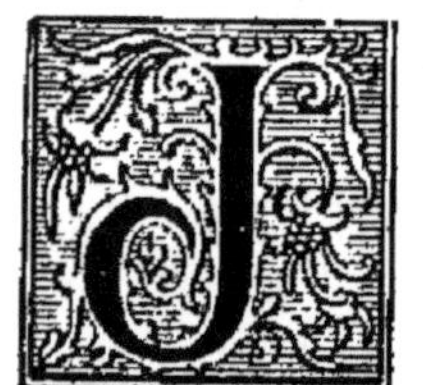

Je n'ai jamais discuté avec M. Moreau de Tours la théorie de l'art pour l'art; mais l'on m'étonnerait fort si l'on me disait qu'il en est un partisan bien féroce. Il ne peint pas seulement pour peindre, et il ne se tient point pour satisfait parce qu'il nous a montré une jolie tête, un torse puissant ou une jambe bien faite. Il aime à mettre quelque chose dans ses tableaux, — une idée par exemple, — et ce n'est pas moi, certes, qui l'en blâmerai.

Je me rappelle encore cette belle toile qui s'appelait *le Sacrifice à la Patrie,* et sur laquelle la Patrie, symbolisée par une femme aux grands traits et aux gestes nobles, nous offrait une image d'une beauté à la fois attractive et imposante.

La composition que nous donne aujourd'hui M. Moreau de Tours appartient au même ordre d'idées. C'est encore une toile patriotique. Nous sommes dans la période révolutionnaire qui suivit l'explosion généreuse de 89; c'est le moment où la Convention décrète la victoire, où Carnot organise quatorze armées à la fois, où la France tout entière se lève et brave l'Europe conjurée. M. Moreau de Tours nous montre le ministre quittant son cabinet pour le champ de bataille, et enlevant ses troupes, par son allure enthousiaste et martiale. Le chapeau aux plumes flottantes qu'il porte au bout de son sabre, comme un étendard, pour indiquer à ses hommes le chemin de la victoire, nous semble peut-être aujourd'hui un peu cirque olympique. Nos généraux ont moins de *dehors*. Mais il y a dans cette œuvre bien venue une vibration et une intensité de vie tout à fait remarquables.

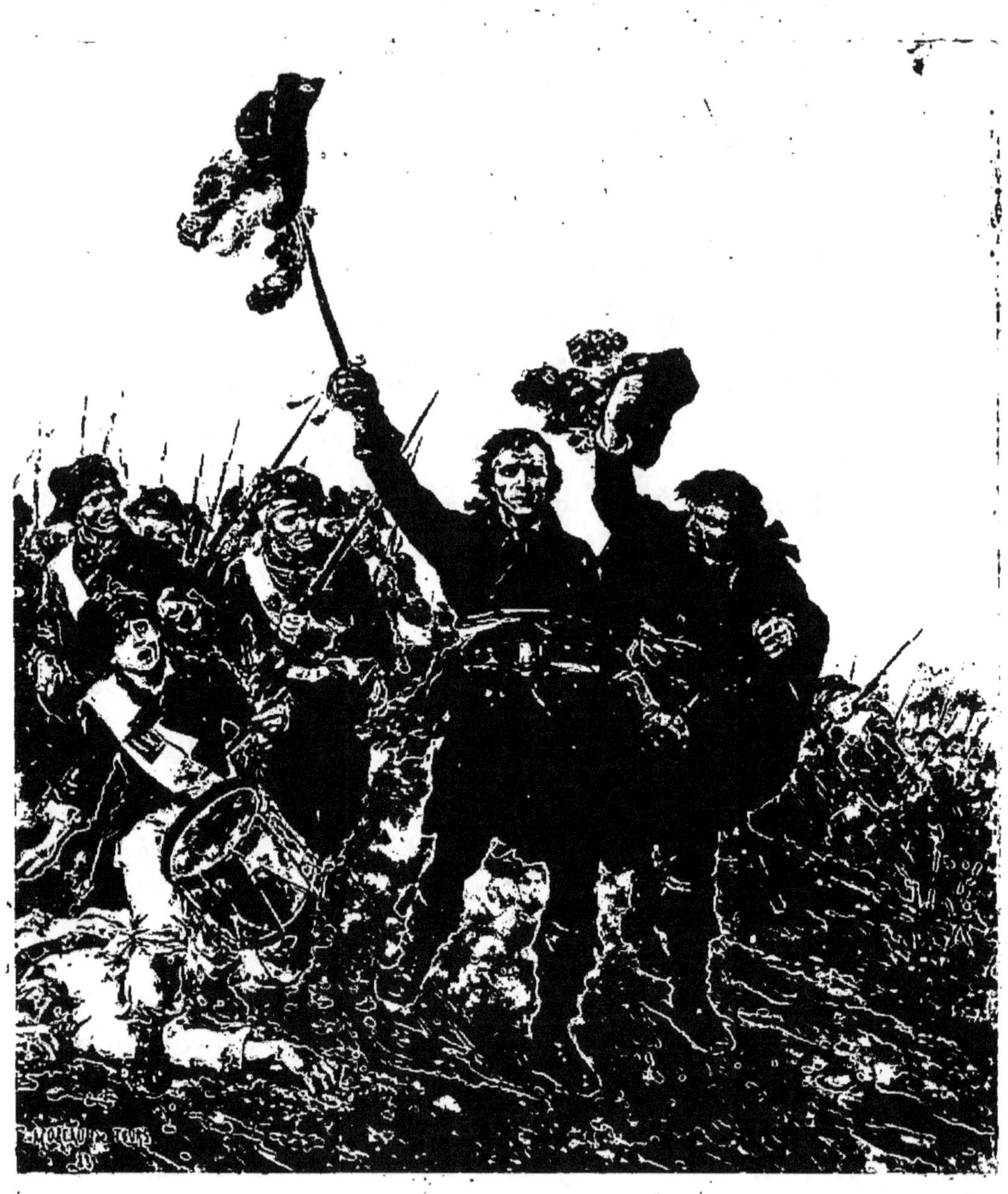

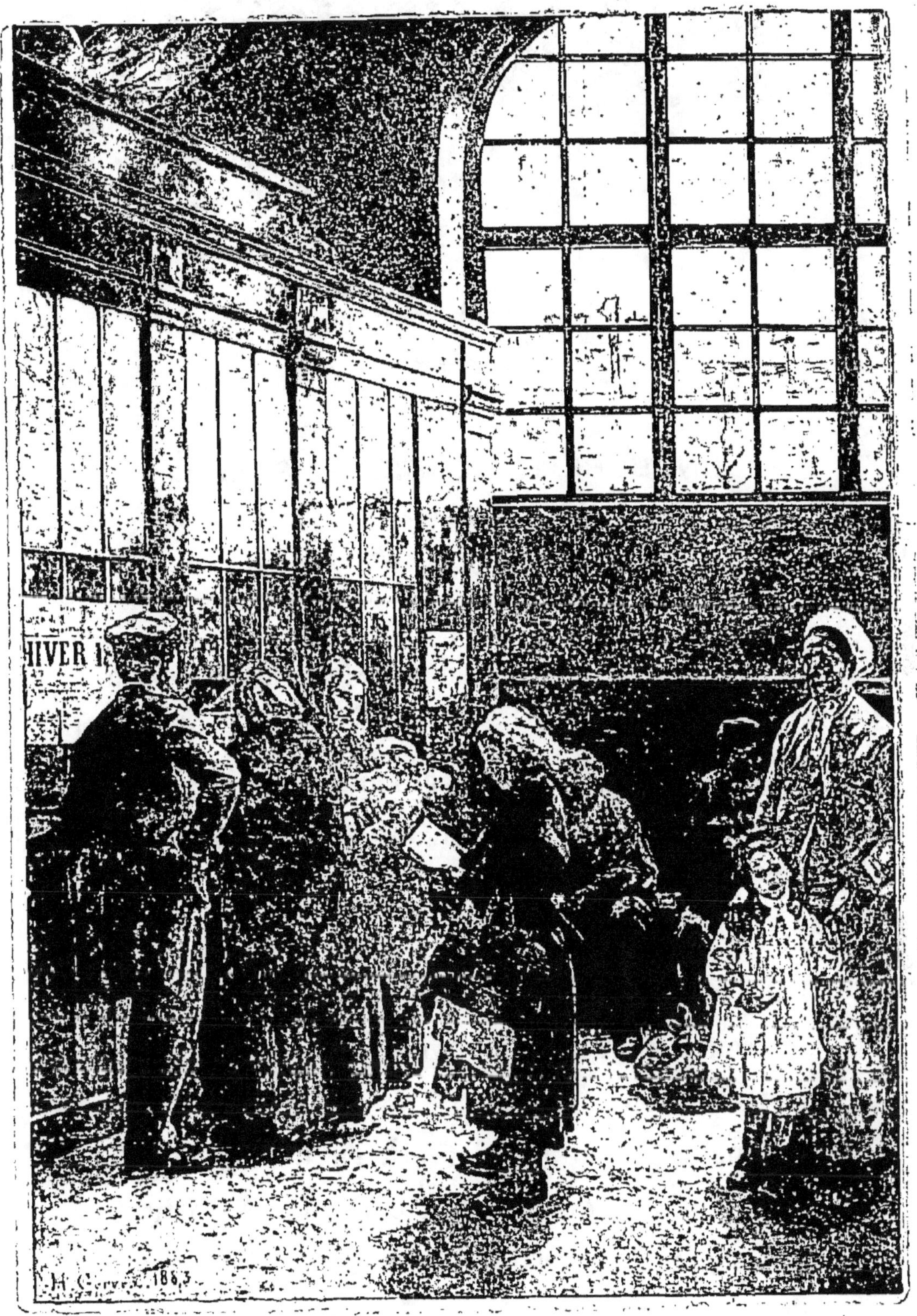
HIVER

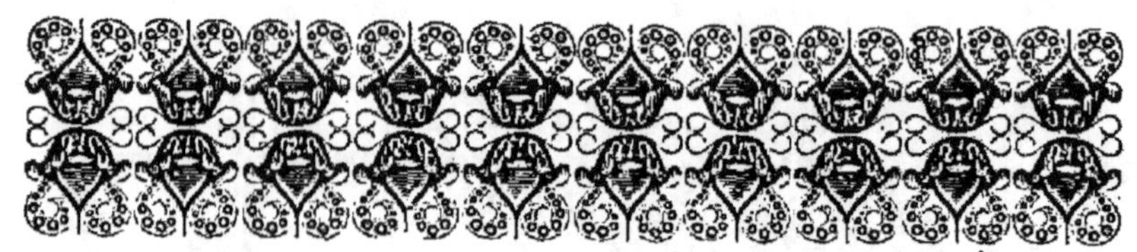

GERVEX

UN BUREAU DE BIENFAISANCE

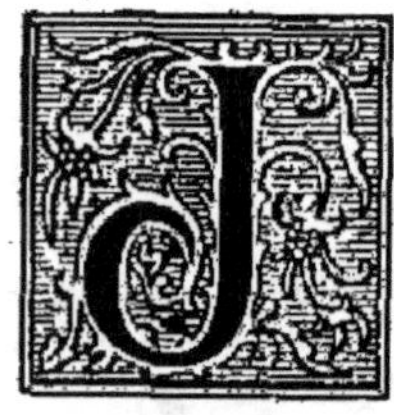

Je connais bien peu de peintres, parmi les artistes de notre jeune école, qui aient à leur actif un ensemble d'œuvres plus varié que M. Henri Gervex. On dirait qu'il a pris pour devise ce mot de *diversité*, qui plaît à tant de gens.

Il s'est attaqué tour à tour aux sujets les plus différents, pour nous prouver qu'il était de taille à les traiter tous.

Nous avons de lui des études de nu dans le genre antique, qui sont fort bien vues à l'Institut. Je me rappelle aussi des faunesses et des nymphes d'une suavité corrégienne. Plus tard nous avons eu des tableaux de genre, historiques par les dimensions, et traités d'un pinceau large et facile. La même main, à qui nous devons toute une galerie de portraits de femmes, sait masser des foules innombrables — esquissées à grands traits, sur nos places publiques et sur nos boulevards — dans l'allégresse des fêtes nationales.

Aujourd'hui, c'est un morceau de peinture décorative que nous montre M. Gervex.

Ce n'est pas absolument gai, cet *Intérieur d'un bureau de bienfaisance*, et il y a des sujets plus capables d'émoustiller la verve folichonne de certains visiteurs du SALON. Mais je ne suis pas de ceux qui détournent les yeux des misères humaines, et je sais gré à M. Gervex d'avoir attiré notre attention sur ces douleurs qu'il faut consoler ; sur ces malheurs qu'il faut secourir ; sur ces pauvres qu'il faut aimer. — Jésus, le divin maître, touchait les plaies qu'il voulait guérir. La misère est d'ailleurs pittoresque, et, chez M. Gervex, l'homme charitable ne fait point de tort à l'artiste. Je retrouve dans son étude, malgré les tristesses du motif, toutes les qualités qui font les bons tableaux.

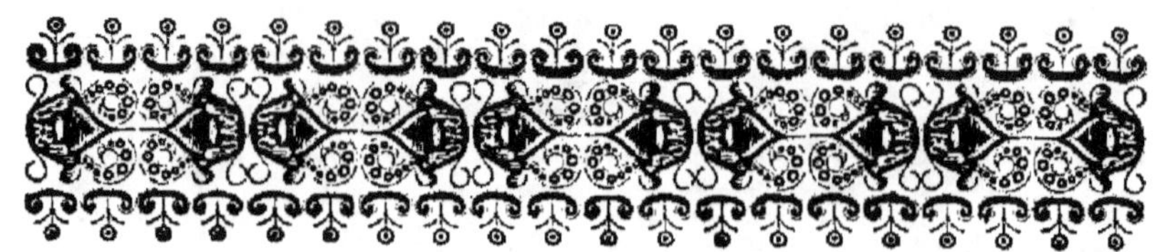

CARPENTIER

UN COMPTE A RÉGLER

Carpentier aime le drame, et, soit qu'il le place dans le milieu populaire, soit qu'il le transporte dans les régions plus élevées du monde aristocratique, il en noue fortement l'action, et il en fait jouer les principaux rôles par des acteurs singulièrement énergiques, aussi saisissants comme expression qu'ils sont vrais de pose, de geste et d'attitude.

C'étaient là, tout le monde se le rappelle, les qualités que l'on admirait, l'an passé, dans le tableau que reproduisait notre Paris-Salon — *Sous la terreur* — saisissante image de cette terrible époque.

Nous les retrouvons aujourd'hui, à un plus haut degré encore, dans le *Compte à régler*.

La scène, très vive, très claire et très empoignante, se passe dans un de ces funestes *assommoirs* où l'ouvrier engloutit trop souvent les ressources de son ménage.

Inutile d'expliquer le sujet. Le tableau parle, et se raconte lui-même.

Le bellâtre, assis à cette table, à la droite du spectateur, buvant un vin frelaté avec une femme douteuse, est un déclassé au milieu de ces ouvriers, qu'il méprise, et qui le haïssent. A son geste hautain, à sa mine insolente, il est aisé de voir qu'il a fait à quelqu'un d'entre eux une mortelle injure — sans doute à cet ouvrier, dont la main serre convulsivement la chaise qu'il va bientôt brandir sur la tête du *monsieur*. Du reste, tous les personnages ici sont des types, curieux à étudier, depuis le marchand de vin qui se démène dans son comptoir, jusqu'à sa femme, haute et corpulente, qui relève son tablier blanc avec un geste de matrone ; jusqu'à ce groupe d'ouvriers narquois et enfiellés qui brûlent du désir de voir *tomber* le bourgeois. C'est vu ; c'est vrai.

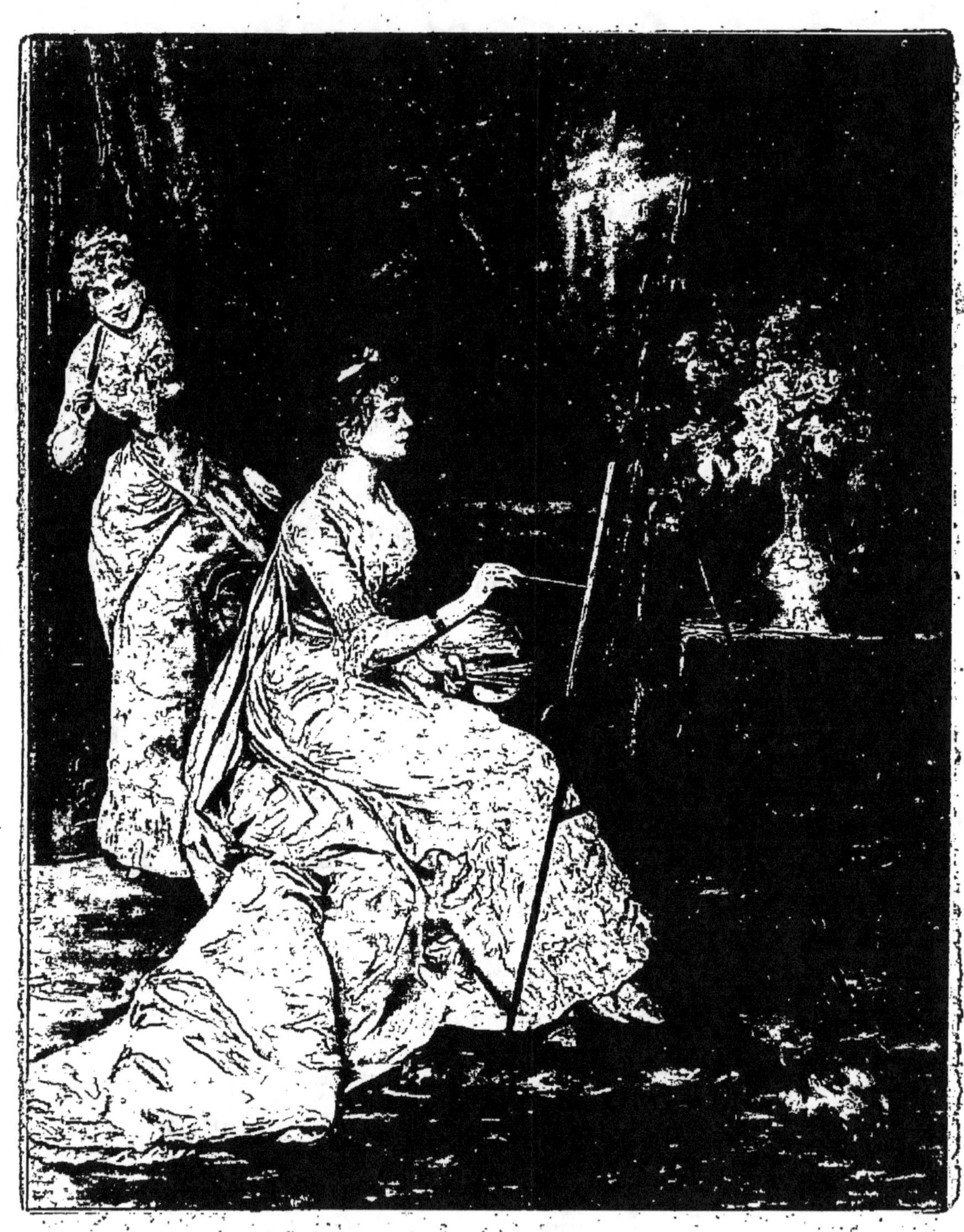

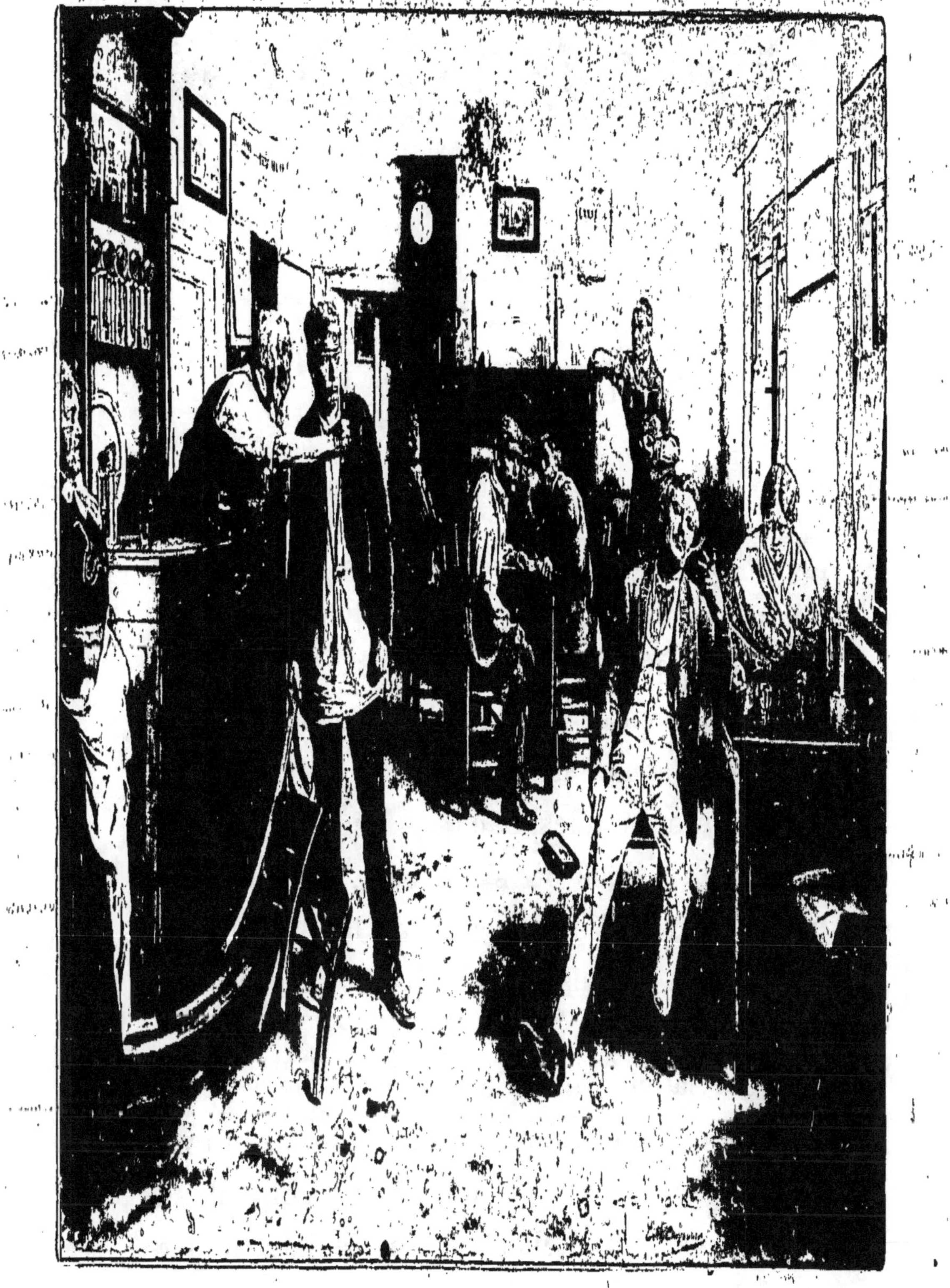

BERTIER

LA CURIEUSE

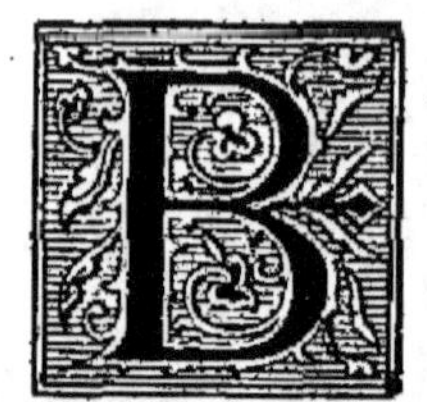

Bertier a des principes, ce qui est rare ; et il y reste fidèle, ce qui est plus rare encore. Il laisse les nouvelles couches fermenter dans les bas-fonds, où les tribuns vont semer la tempête, et il continue à chercher ses modèles dans les régions élevées, calmes et sereines où s'épanouit, au milieu du luxe, la fleur de l'élégance et de la beauté féminines. Il est depuis longtemps, et je crois qu'il restera toujours, le peintre des jolies mondaines. Il préfère la vie des salons à celle de la place publique, en quoi je suis absolument de son avis.

Mais le salon dans lequel il nous conduit aujourd'hui est un atelier — un de ces ateliers splendides comme les peintres n'en peuvent avoir que lorsqu'ils ont un hôtel à eux. Aux murailles, tentures somptueuses; par terre, des peaux de tigre et de lion, en guise de tapis, et des fleurs partout.

La maitresse de céans est une *peintresse* qui n'essuie pas ses brosses sur sa manche. Quelle robe, mes amis, quelle robe! On la dirait dessinée par Watteau et coupée par Worth; la traîne a sept mètres de long, et le corsage est un décolleté Louis XV du dernier galant. Elle est exquise, cette mignonne créature, depuis le bout de ses petits pieds chaussés d'une mule de satin, jusqu'à la pointe de ses cheveux bruns, relevés de facon à dégager la nuque, et retenus par un ruban d'argent. Sa main élégante tient le pinceau du bout des doigts, sans avoir l'air d'y toucher, et elle paraît si naturelle dans sa pose un peu cherchée qu'elle pourrait se servir de modèle à elle-même.

Une amie, une blonde — la brune appelle la blonde, c'est un contraste forcé ! — s'approche à pas lents, silencieuse et indiscrète, et, soulevant la lourde portière, regarde l'œuvre de son amie. Sa jolie figure ajoute une grâce au tableau, et l'éclair de ses yeux illumine comme un doux rayonnement la pénombre du coin sombre.

A. DE CLERMONT-GALLERANDE

RENDEZ-VOUS DE CHASSE

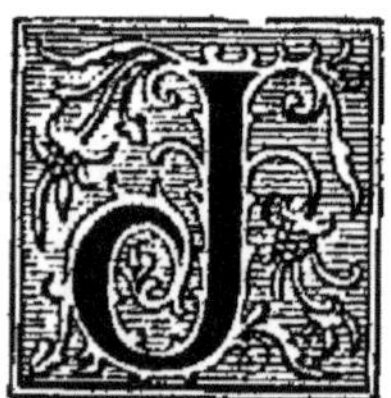'AIME assez les spécialistes. Sans vouloir parquer les peintres dans un genre exclusif, avec défense d'en sortir ; sans porter, en quoi que ce soit, atteinte à cette indépendance et à cette liberté artistique qui permet tout à chacun de développer ses facultés et ses goûts dans toute la spontanéité de sa nature, nous accordons pourtant nos préférences à ceux qui suivent leur carrière en ligne droite. C'est le moyen d'aller plus vite et plus loin.

Je n'en voudrais d'autre preuve que les très réels succès obtenus par M. DE CLERMONT-GALLERANDE. C'est que M. de Clermont a fait des sujets qu'il traite habituellement, et avec une prédilection toute particulière, une étude consciencieuse et approfondie. Il n'en est point, parmi les artistes contemporains, qui soient plus au fait que lui de toutes les choses du *sport* et du *high-life*. Il connaît à merveille tous les déduits de la grande vénerie, et il ne commet jamais une faute d'orthographe, quand il s'agit d'habiller un piqueur ou un valet de chiens, de harnacher un *hunter* irlandais ou un *cob* du Yorkshire, ou bien encore de poser une chasseresse sur la selle anglaise. C'est qu'il a pratiqué; c'est qu'il a sonné lui-même le bien-lancer, et servi le sanglier, après une chaude journée sous bois, à la suite d'un *vautrait*. Ce n'est pas à lui que l'on reprochera de chasser à courre dans sa chambre!

Je comprends donc le très vif succès des tableaux cynégétiques de M. Clermont-Gallerande. Rien de plus élégant et de plus aristocratique que son *Rendez-vous de chasse*, composition bien ordonnée, du plus harmonieux ensemble et pleine de jolis détails. Le groupe des cavaliers est charmant, et il y a une véritable habileté d'exécution dans le grand *drag*, attelé si correctement de quatre chevaux magnifiques, emportés par un mouvement tout à la fois si rapide et si juste.

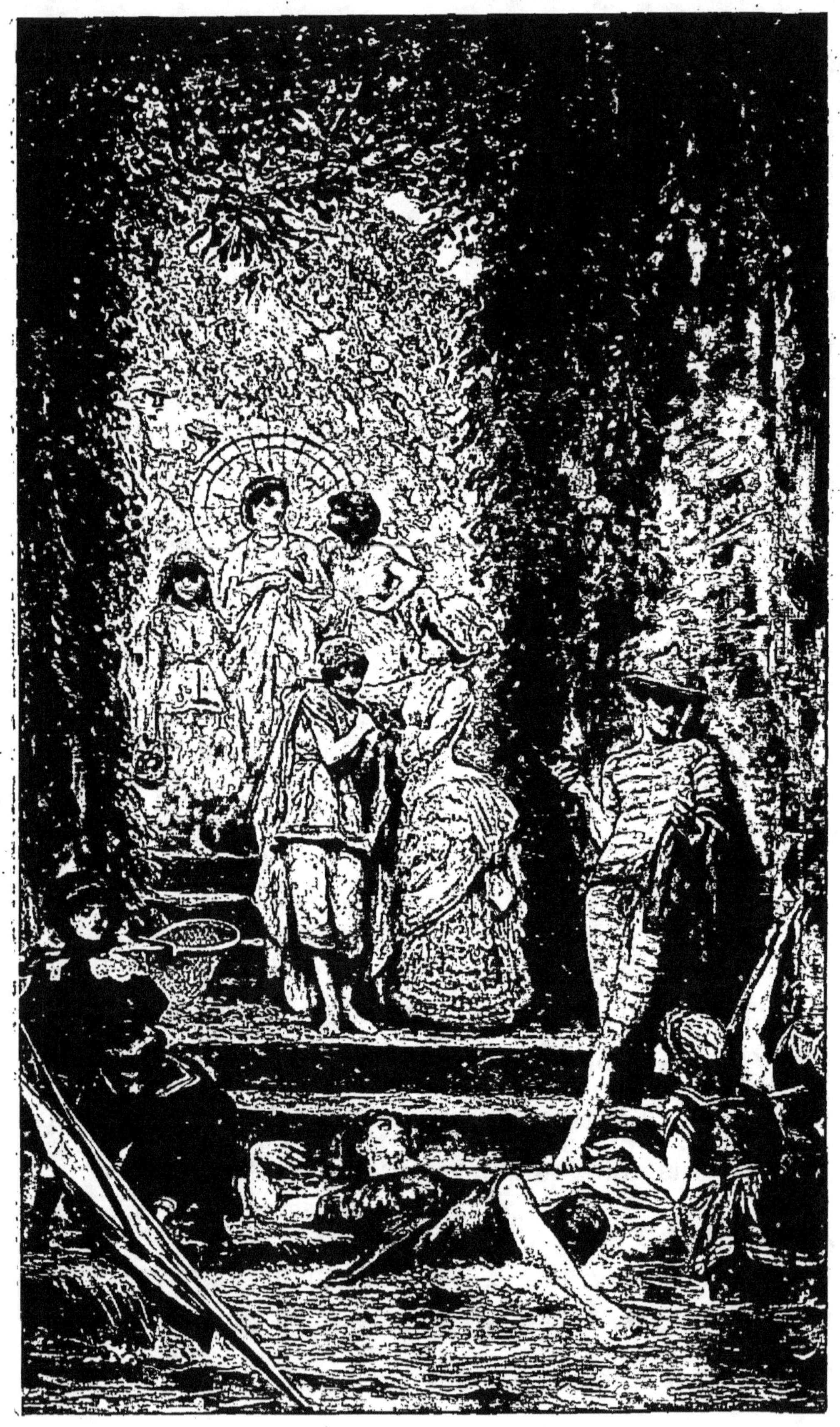

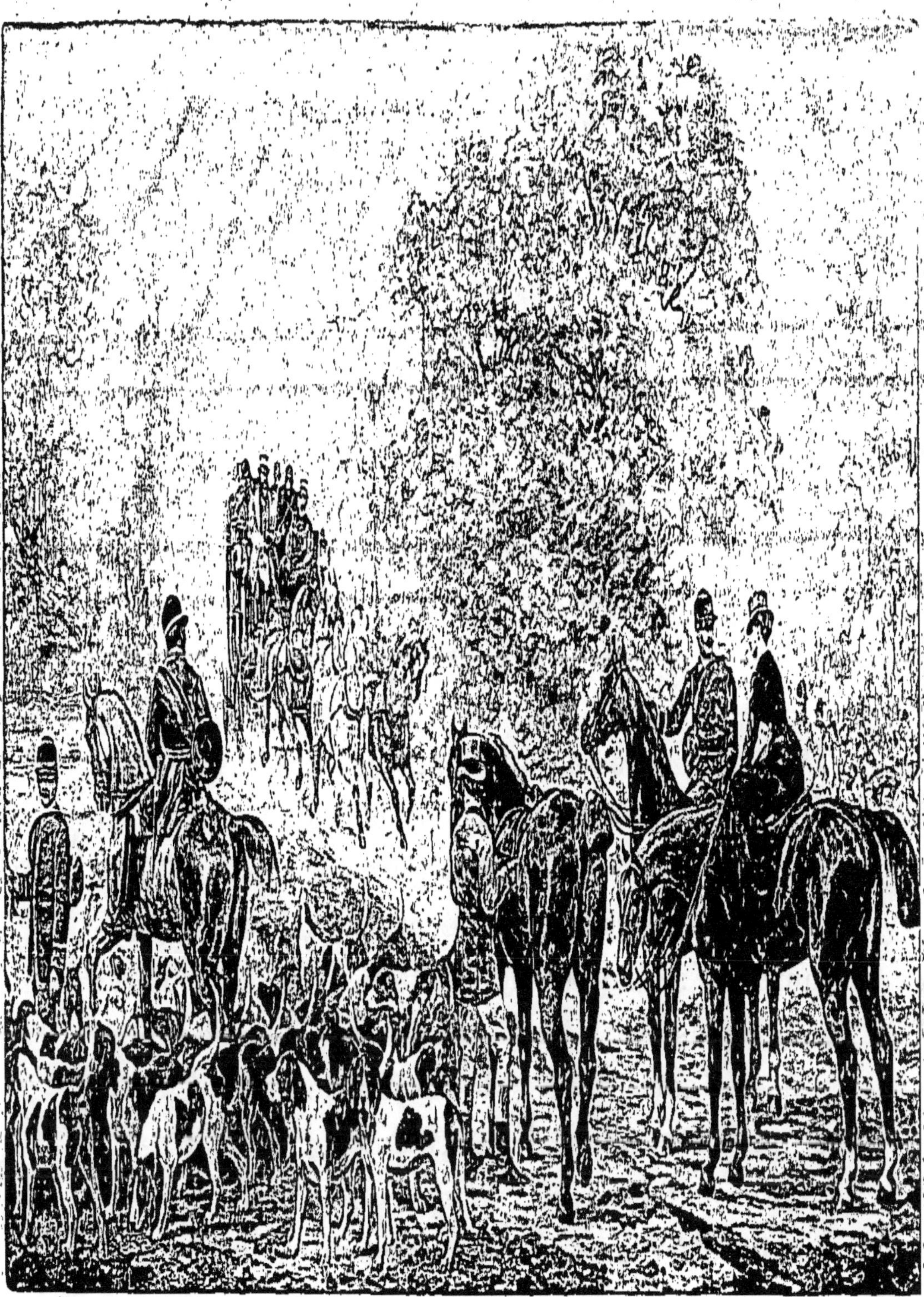

BARRIAS

LE BAIN DE MER EN FAMILLE

A DIÑARD.

BARRIAS, qui a fait ses preuves, et qui les a faites brillamment, dans la peinture d'histoire et les grandes pages magistralement décoratives, semble aujourd'hui se rapprocher volontiers du tableau de genre plus accessible à tout le monde, plus approprié aux convenances de nos intérieurs bourgeois, et qui plaît aussi davantage aux jeunes et intelligentes élèves dont l'aimable troupeau se laisse conduire par la houlette pastorale de notre artiste.

Le Bain intime, que reproduit notre PARIS-SALON, est un petit morceau fort curieux, et qui réalise, j'en suis certain, le *desideratum* très vif de beaucoup de gens — le mien en particulier. Il vous amène la mer à domicile, et vous permet de prendre un bain *à la lame* — ou peu s'en faut — dans votre jardin, dans votre salon, ou dans votre cabinet de toilette, — ce qui est peut-être plus convenable.

M. Félix Barrias nous transporte en Bretagne, sur les bords de l'Océan, dans une sorte de grotte rustique, dépendant sans aucun doute de quelque villa élégante, ou de quelque manoir aristocratique. Un architecte qui ne doute de rien a établi une communication avec la mer, et, à marée haute, le flot salé entre dans la maison, et vous apporte le bain demandé à domicile.

Le motif une fois trouvé, il ne nous était point permis de douter du parti très pittoresque et très habile qu'un homme du talent de M. Barrias en saurait tirer. Il a su grouper très ingénieusement ses personnages et réunir un ensemble de jolis types, qui se font valoir les uns par les autres. C'est vraiment un tableau... J'allais dire un tableau *antique* — certains aspects et certains groupements me donnent comme un ressouvenir des piscines romaines.

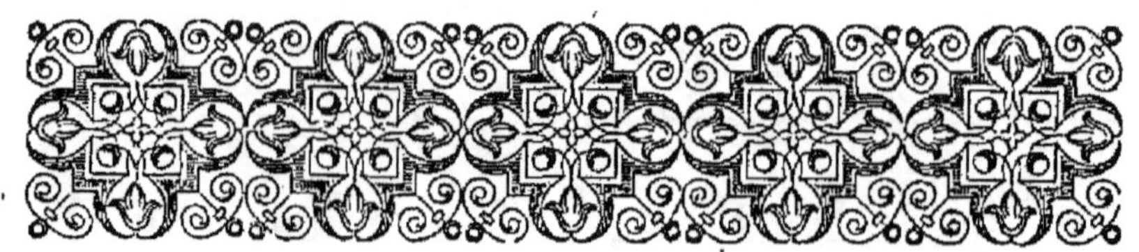

DELOBBE

LE ROMAN AU VILLAGE

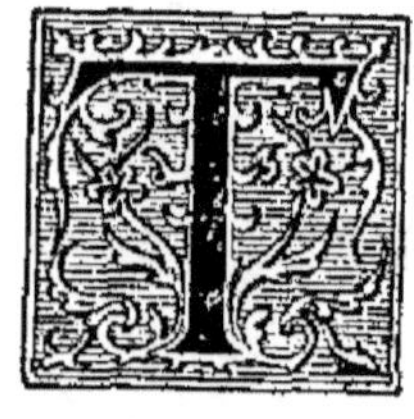

ANT qu'il restera un homme et une femme sur cette terre, on peut être certain qu'il y aura sous le ciel un petit coin où l'on parlera d'amour.

Pour se livrer au doux passe-temps du *flirtage*, point n'est besoin de lambris dorés et de meubles somptueux. Un banc rustique, un siège de mousse où de gazon, un pan de vieux mur, pour vous abriter des regards indiscrets du passant, c'en est assez, si la femme est jeune, accorte et jolie, et si l'homme sent au fond de son cœur qu'il a quelque chose à lui dire.

Aussi prenons-nous grand plaisir à l'idylle champêtre que M. Delobbe nous raconte d'un pinceau sincère et parfois ému.

Ils sont deux, jeunes tous deux, et beaux de leur beauté fraîche, robustes et sains. La femme, paysanne aux pieds nus, simple mais non vulgaire, jupon blanc et corset noir, montrant au soleil et livrant au vent son teint hâlé et sa chevelure brune, est assise sur l'herbe épaisse et semée de fleurs. Lui est à demi couché à ses pieds, dans une pose nonchalante et abandonnée, qui laisse pourtant deviner la souplesse et la force de la jeunesse. Il parle tout bas, ému, le regard fixé sur son visage comme pour deviner sa pensée. Elle écoute, l'œil sérieux, laissant errer sur une bouche qui n'est déjà plus naïve, l'indéfinissable sourire d'une Joconde villageoise ; tandis que sa main distraite cueille une de ces marguerites à la collerette d'argent et au cœur d'or, dont chaque feuille est un oracle — et parfois un mensonge !

Le paysage, plantureux et puissant, annonce cette pleine saison du renouveau, où tout germe, où tout verdoie, où tout chante, où tout aime, dans les buissons, dans les nids et dans le cœur des hommes.

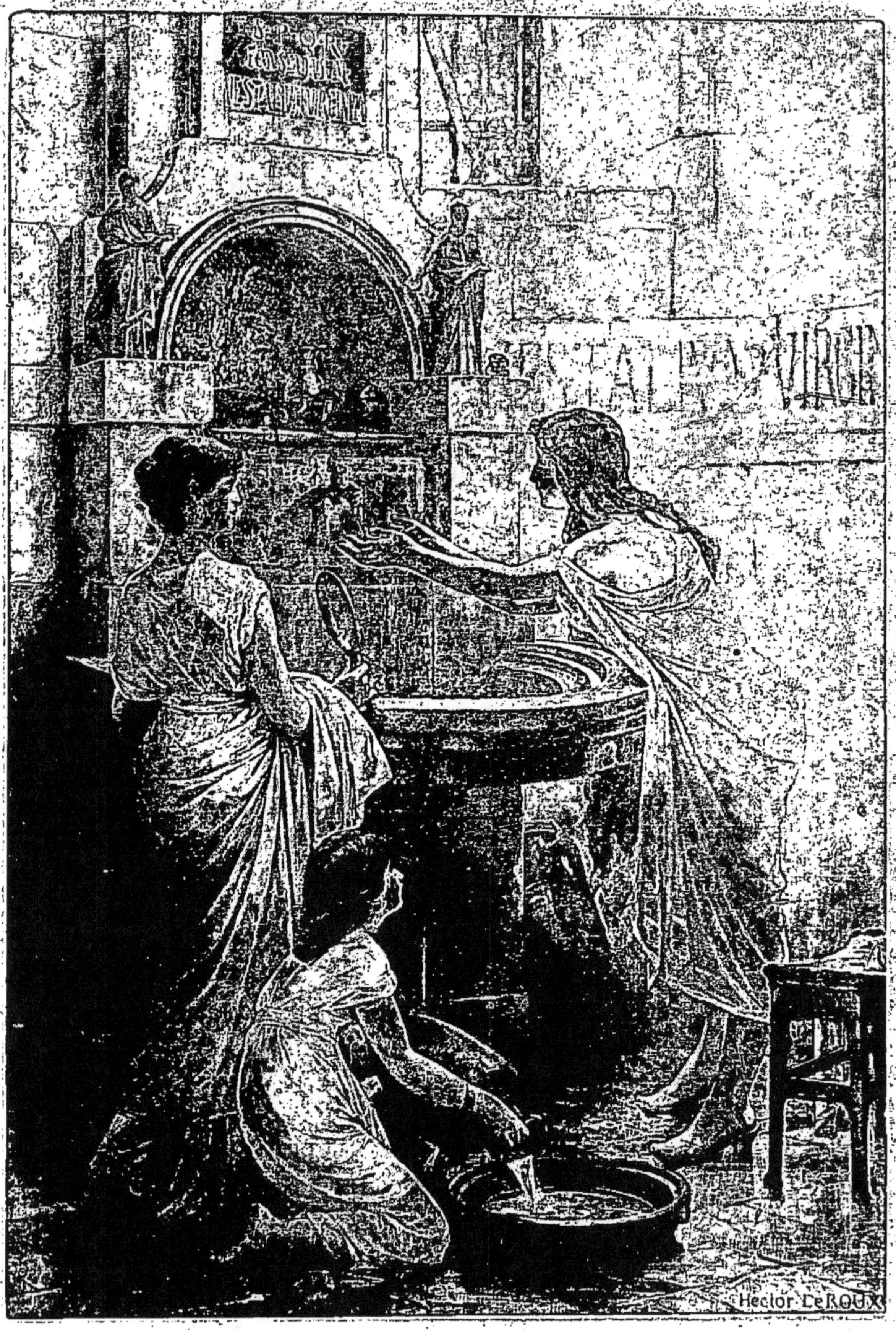
Hector LeROUX

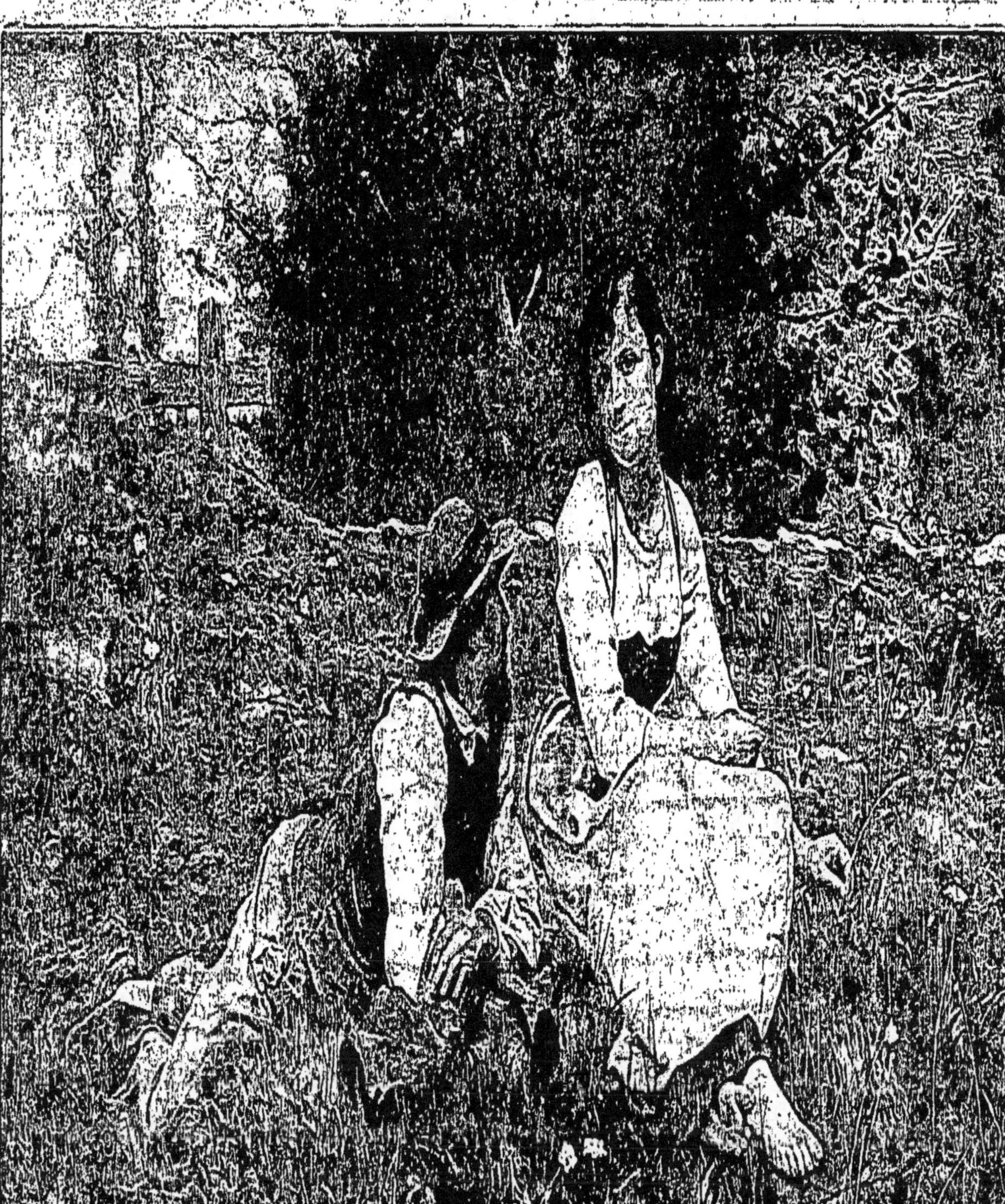

HECTOR LE ROUX

SACRARIUM

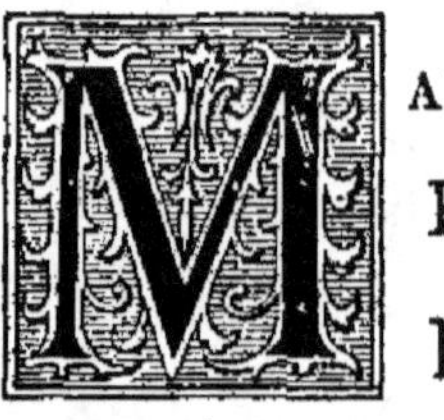ALGRÉ son nom grec, Hector est un Romain. Il y a même des gens qui prétendent que c'est le dernier des Romains. Je n'en sais rien ; mais je dois reconnaître qu'il est singulièrement fidèle aux grands souvenirs de la civilisation du Latium ; qu'il sait de Rome tout ce qu'un archéologue en peut savoir, et que si la torche communarde de quelque révolte servile faisait flamber la Ville éternelle comme un simple palais des Tuileries, Hector Le Roux serait capable, à lui seul, de nous la restituer tout entière, par la plume comme par le pinceau.

Tout ce qui regarde les vestales a trouvé dans M. Le Roux un illustrateur et un historien. — Il nous les a montrées dans l'accomplissement de toutes les fonctions de leur sacerdoce virginal, tantôt ranimant la flamme symbolique sur l'autel embrasé; tantôt invoquant la déesse; parfois assises sur les degrés de leur temple, et parfois aussi se promenant en blanches théories dans la campagne aux vastes horizons.

Aujourd'hui, c'est dans l'existence intime des vierges sacrées que l'artiste nous fait pénétrer. Ce ne sont plus les prêtresses que nous voyons: ce sont les femmes.

Deux vestales et une jeune novice, presque une enfant encore, s'approchent de la fontaine qui leur est consacrée, et se préparent aux ablutions matinales.

Sous un autre pinceau, ce serait là peut-être un sujet scabreux; — avec M. Le Roux nous n'en voyons que la grâce. Il rend chaste jusqu'au déshabillé, qui l'est bien plus rarement que le nu lui-même, et c'est sans arrière-pensée que nous admirons les types exquis créés par un maître ingénieux et toujours jeune.

GEORGE CAIN

UN GUIGNOL POPULAIRE EN 1795

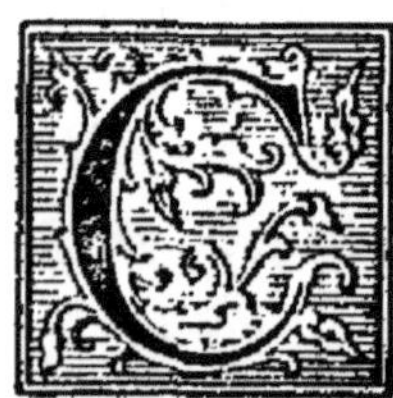

Cain excelle à faire mouvoir les foules : des centaines de personnages à loger dans un cadre ne l'embarrassent point un seul instant. Il sait trouver une place pour chacun, et celle qu'il lui donne est celle qui lui convient. Il groupe à ravir tous ses personnages, leur distribue les rôles qu'ils ont à jouer, et leur réserve l'emploi qui convient à leur physionomie, à leur sexe, à leur âge et à leur talent, dans le drame toujours vivant et palpitant qui fait le sujet de ses tableaux.

La *Rixe* dans un café du Palais-Royal, en 1814, pouvait passer pour un modèle du genre, et nous fûmes heureux de le reproduire dans notre Paris-Salon de 1882.

Nous n'hésitons point, cependant, à lui préférer le *Guignol populaire en* 1795 — d'abord parce que nous n'avons point un goût prononcé pour les querelles de cabaret, et que nous ne prenons aucun plaisir à voir des messieurs d'un certain âge et d'un certain monde s'assommer à coups de queues de billard, ou se jeter à la tête des fauteuils et des tabourets.

Nous aimons beaucoup mieux assister au supplice du commissaire pendu par Pierrot, Arlequin et Polichinelle. Il ne nous déplairait nullement de nous mêler aux jolis minois, très agréablement chiffonnés par M. Cain, et qui se pressent devant la parade, au milieu des spectateurs, futés ou naïfs, qui écoutent, bouche bée, les lazzi et les calembredaines de ces acteurs en plein air. — L'époque choisie par l'artiste lui a permis de nous offrir une collection de costumes variés, piquants et pittoresques.

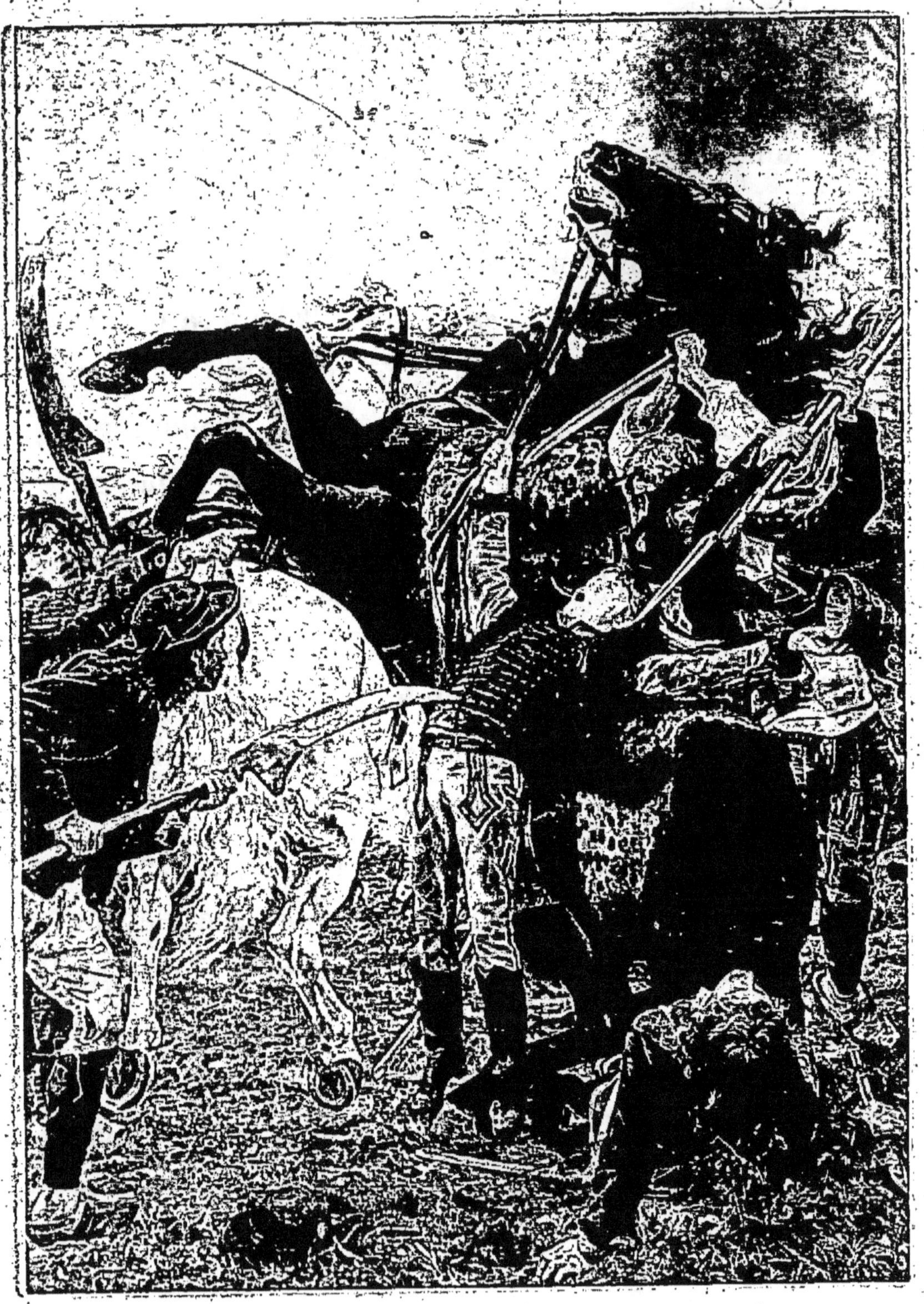

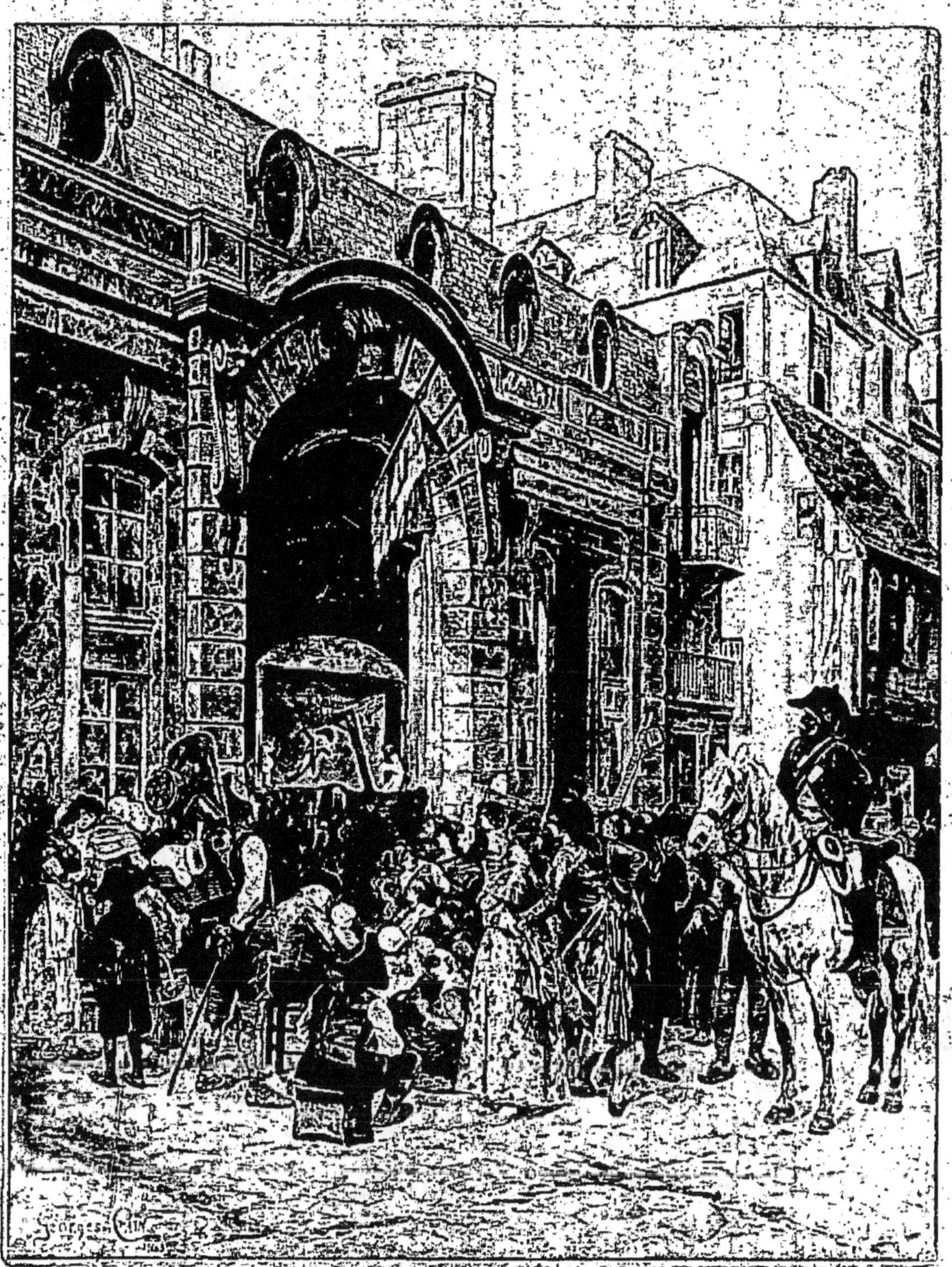

WEERTS

LA MORT DE BARA

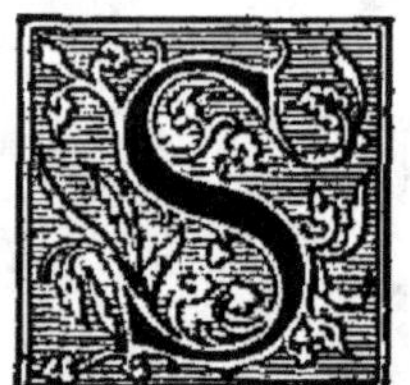

Si sonore et si retentissante qu'ait été la peau d'âne sur laquelle le jeune Bara battait jadis ses vigoureux *rataplan*, je doute que ce tapin légendaire ait jamais fait autant de bruit pendant sa vie que depuis sa mort. Après l'avoir laissé dormir près d'un siècle « sous la froide pierre », comme disent les romances, voilà que l'on s'avise tout à coup de le réveiller par un roulement formidable, auquel, tout d'abord, il n'a dû rien comprendre.

Ils sont là deux douzaines de peintres et de sculpteurs qui se sont imaginé de le mettre à la mode, et qui, à chacune de nos expositions, depuis que nous vivons sous le régime glorieux et prospère de la République, nous le servent et nous le resservent un nombre infini de fois, sous les deux espèces de la peinture et de la sculpture. C'est un engouement; c'est une fureur. Ce petit bonhomme mort à quinze ans, après quelques fla-flas réussis, aurait gagné la bataille d'Austerlitz ou de Marengo que l'on ne mettrait point un plus grand empressement à faire passer ses traits, plus ou moins authentiques, à la postérité la plus reculée.

M. Weerts, à son tour, est piqué de la même tarentule. Mais le moment psychologique, qu'il a su bien choisir, lui a fourni un motif très dramatique, qu'il a traité avec beaucoup d'énergie et de fougue. Il y a quelque chose de vraiment poignant dans cette tuerie d'enfants, qui s'écharpent avec des baïonnettes et des faux. *Bella matribus detestata!*

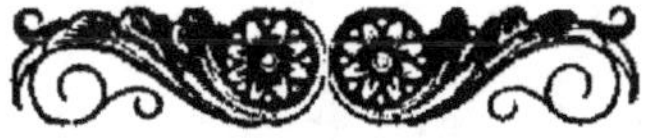

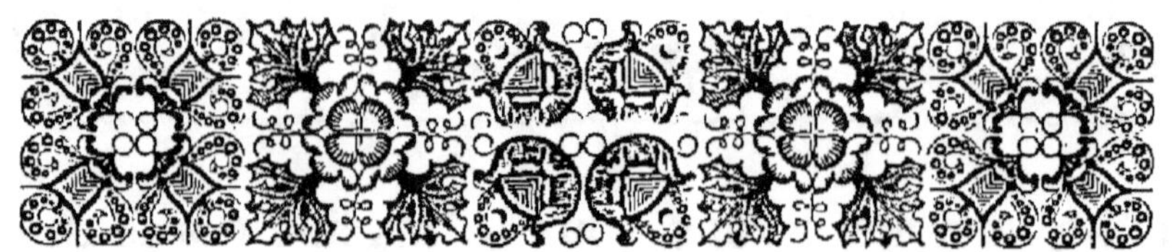

WAGREZ

PREMIÈRE RENCONTRE

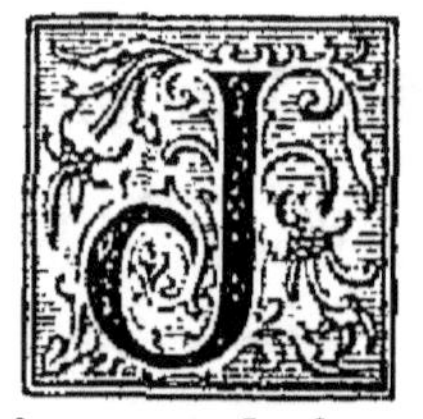

Je ne m'étonne point que M. Jacques Wagrez ait fait si promptement son chemin dans le monde. Il avait, pour le conduire à la gloire, un quadrige de femmes. Ce n'est point là un attelage vulgaire, et, pour mon compte, je le préférerais de beaucoup aux tigres accouplés qui traînaient le jeune Bacchus, et même aux moineaux amoureux qui servaient de chevaux à Vénus, trônant dans sa conque marine.

Malgré son titre et une certaine prétention archaïque, il y avait dans ce tableau un sentiment de modernité réel et puissant, un joli mouvement, de la grâce et de la vie, et surtout un culte ardent et sincère de la beauté féminine.

Je retrouve le même sentiment, avec plus de poésie, un charme plus pénétrant et une mise en scène plus élevée et plus grandiose, dans la *Première rencontre.*

Nous sommes à Florence, dans cette Florence du xve siècle, vrai berceau de la Renaissance italienne, où florissaient et brillaient d'un immortel éclat les lettres, les arts, la femme et l'amour. Devant nous s'étagent et s'allongent les larges volées des marches basses, faciles au pied, d'un escalier monumental conduisant à une terrasse superbe, au-dessus de laquelle nous apercevons les tours, les dômes, les palais, les colonnes triomphales de l'aristocratique cité.

Au bas de l'escalier, une jeune fille, — telle que le Dante eût pu rêver Béatrix, — dans la prime-fleur de son printemps. Le maintien est exquis; la silhouette générale ravissante; l'expression idéalement rêveuse, chaste et pure. Un jeune et brillant cavalier, qui vient de se croiser avec elle, se retourne pour la voir encore. C'est la première rencontre; mais l'amour est né de leur regard.

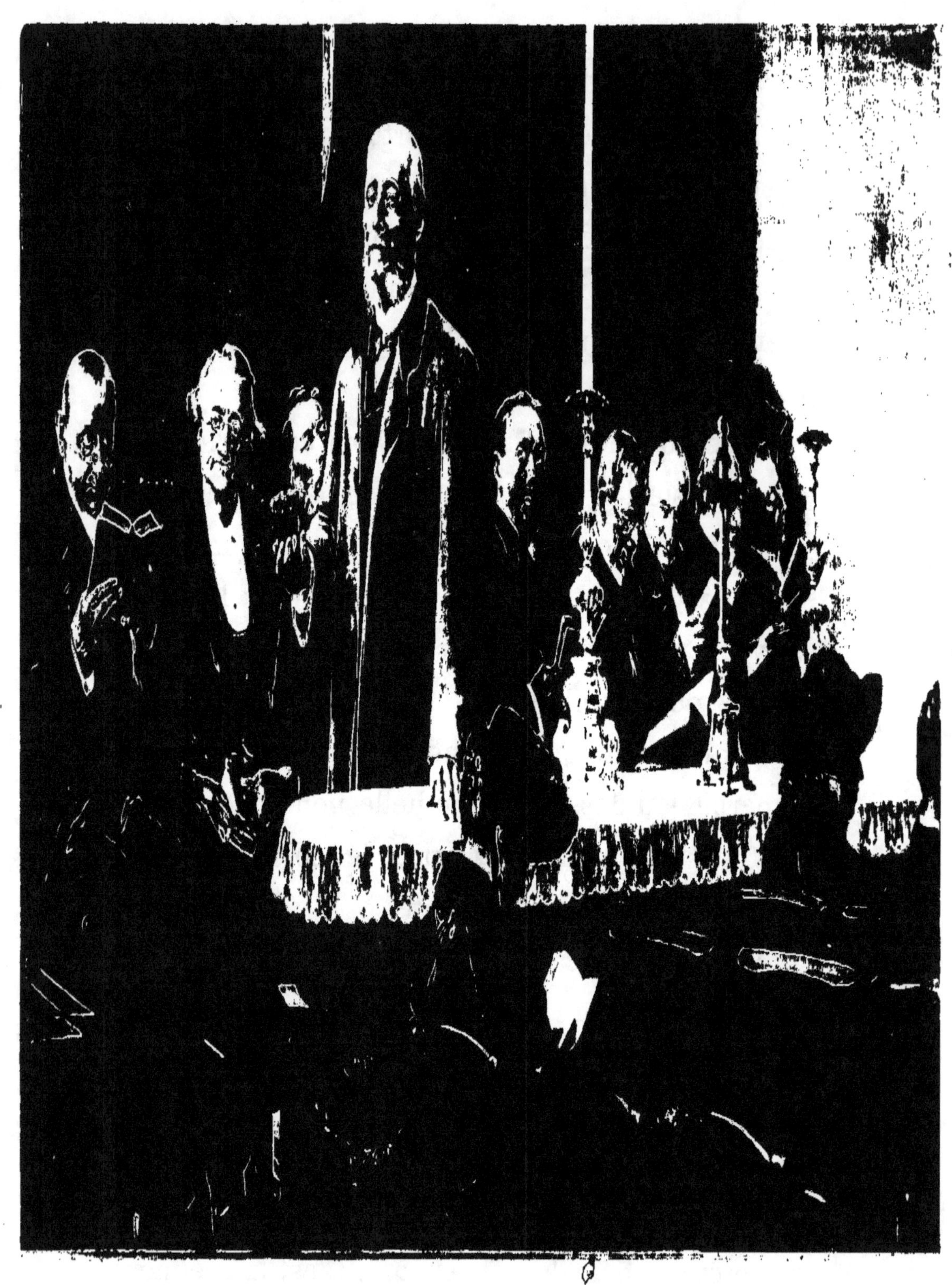

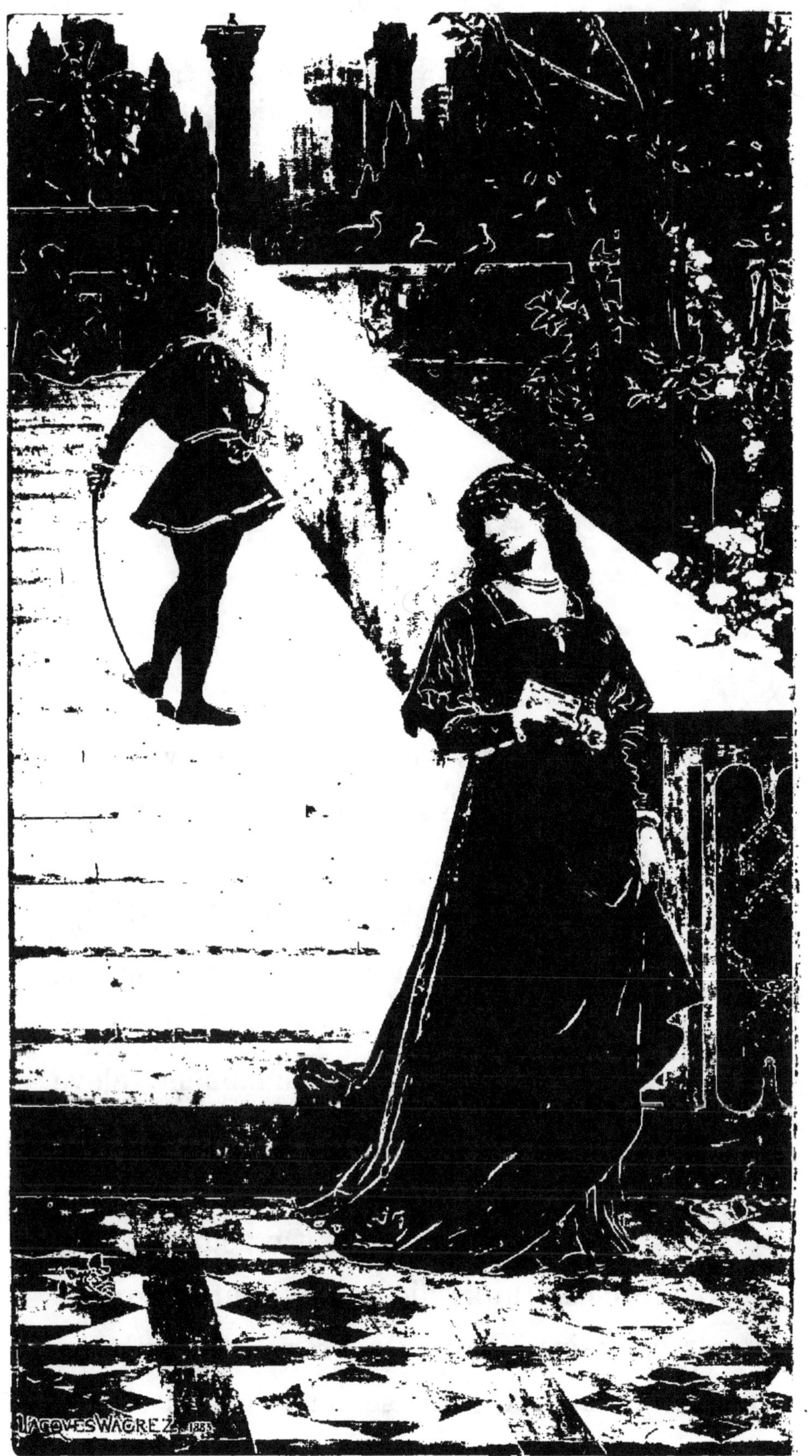
JACQVES WAGREZ 1883

BRISPOT

UN BANC D'ŒUVRE

ES chiens n'ont pas chassé avec ceux de M. BRISPOT, et je ne le connais ni d'Ève ni d'Adam; mais, si mon diagnostic est juste, il doit être le neveu, le petit-fils, ou tout au moins le cousin de feu *Henri Monnier*. Ils sont nés l'un et l'autre pour *portraicturer*, au vif et au naturel, M. Joseph Prudhomme, élève de Brard, de Saint-Omer, expert en écritures. Tous deux excellent à saisir et à reproduire les travers du bourgeois grotesque. On peut dire que, dans cette chasse aux ridicules, ils sont de force à tuer la bécassine à balle. Quel sérieux vulgaire et quelle solennité prétentieuse dans la sottise vous

offrent tous ces bonshommes, allongés en rang d'oignons derrière les flambeaux d'argent et la nappe dentelée du banc d'œuvre ! C'est une véritable collection de tous les types tintamaresques que peut offrir la collection d'une douzaine de sacristains bien choisis par un caricaturiste. Il y en a là pour tous les goûts, depuis l'imbécile naïf qui croit « que c'est arrivé », jusqu'au sceptique gouailleur, qui lirait volontiers sa messe dans un Voltaire de poche. Et quelles toilettes, mes amis ! quels paletots, quelles redingotes et quels pardessus ! Debacker s'en tiendrait les côtes derrière la table de ses quinze coupeurs !

Le *Banc d'œuvre* de M. Brispot est un des succès de rire du Salon de 1883.

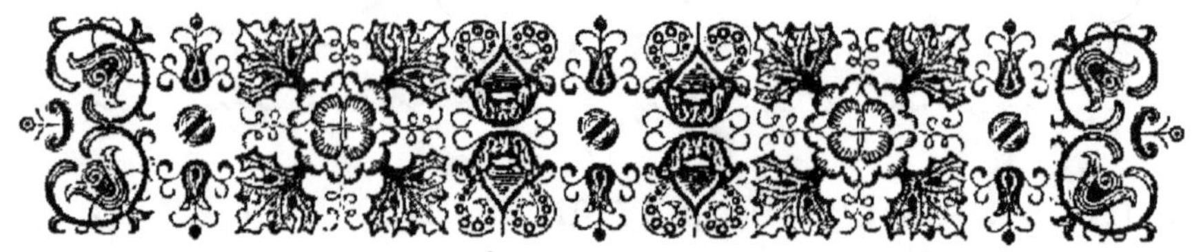

KARL-ROBERT

SOUS L'ARBRE PENCHÉ

BAS-MEUDON

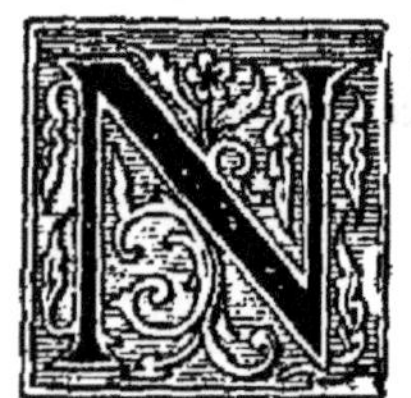

N'EST-CE pas un petit éden fait à souhait pour le plaisir des yeux, celui que M. KARL-ROBERT intitule :

Sous l'arbre penché,

et que reproduit notre PARIS-SALON?

La terre et l'eau semblent se pénétrer si intimement, se fondre si bien l'une dans l'autre, que l'on ne sait plus où celle-ci commence, où celle-là finit.

Le peintre-poète a bien choisi et l'heure du jour et le moment de l'année. C'est le matin, et c'est le printemps. Tout chante, tout fleurit; tout verdoie et tout aime. Une harmonie puissante règne dans l'œuvre tout entière, depuis les premiers plans vigoureux et fortement accusés, jusqu'aux lignes incertaines et fuyantes des lointains horizons. Toute la flore des eaux, fraîche, élégante et délicate s'épanouit sur les berges; les nénuphars aux larges feuilles et aux corolles d'argent dorment sur la nappe des eaux paisibles, et, çà et là, de grands arbres robustes s'épanouissent dans l'orgueil de leurs végétations luxuriantes.

Cette nature pleine de sève et d'éclat suffirait au succès de l'œuvre de M. Karl-Robert. Il l'a rendu plus complet encore, en y ajoutant deux personnages, — deux jeunes femmes, — rêveuses, dans une barque immobile, — leurs mains insouciantes ont laissé échapper les rames et le gouvernail, bien certaines qu'aucun naufrage n'est à craindre sur ces bords hospitaliers et tranquilles, et elles regardent au loin, nous laissant voir l'une, la ligne adorable de son profil perdu, et l'autre, sa nuque bien attachée, à la chevelure relevée et frissonnante. M. Karl-Robert a peint là un petit morceau tout à fait galant, c'est du Watteau en *barque*.

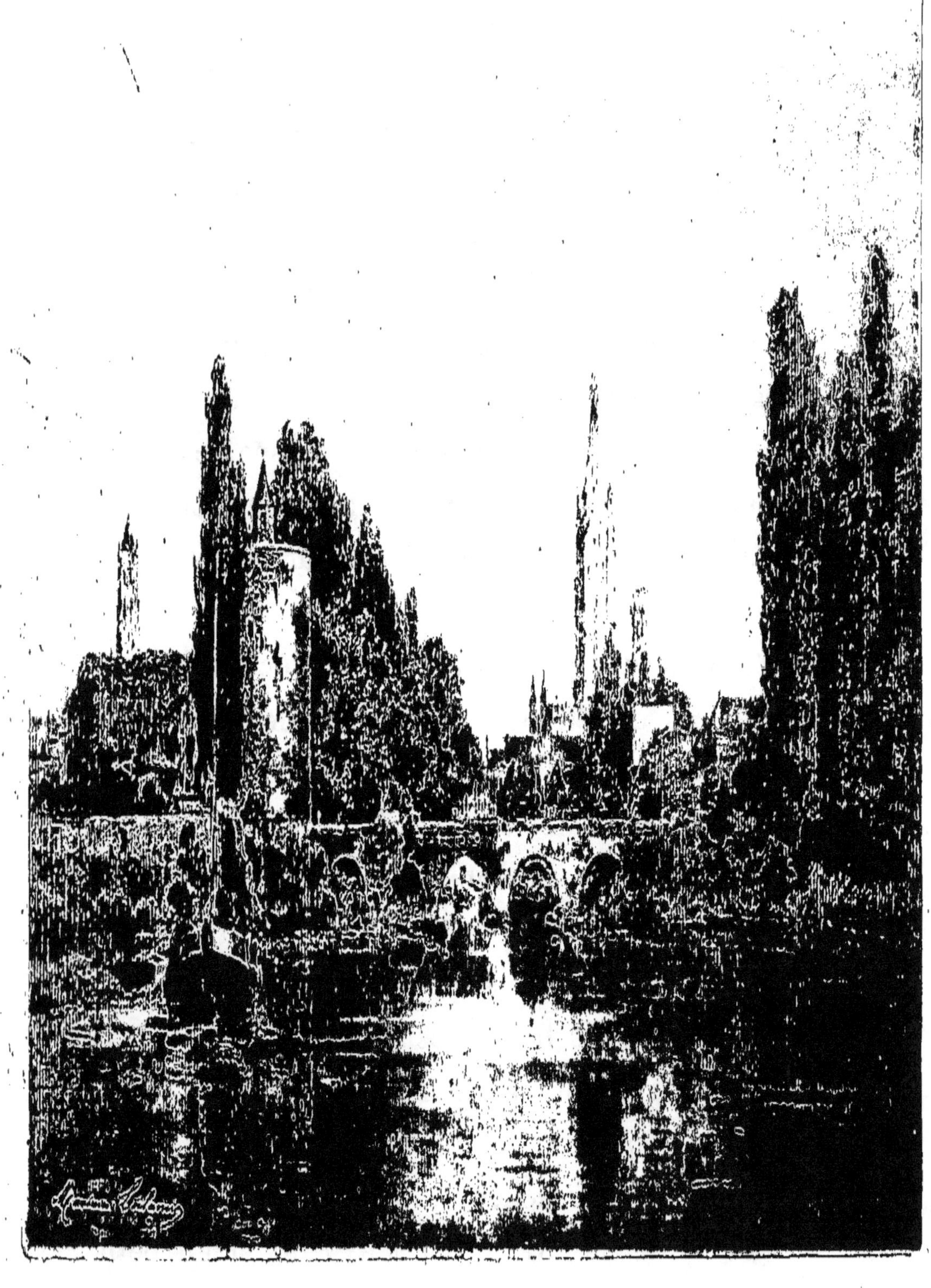

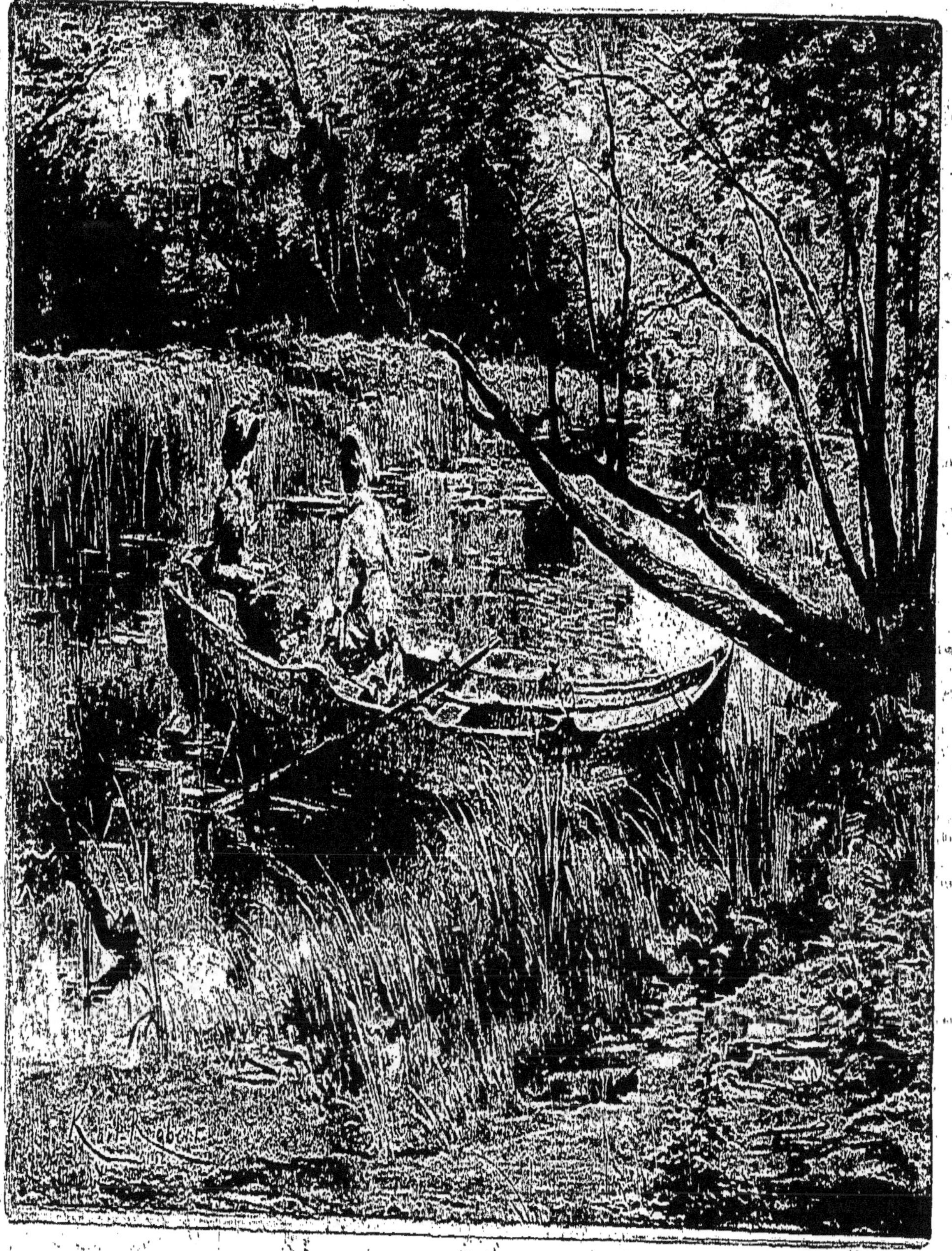

MAXIME LALANNE

L'EAU D'AMOUR
A BRUGES

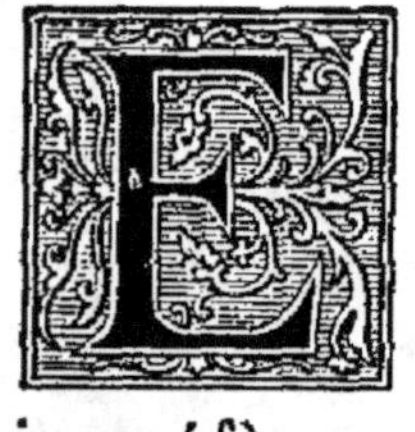

Entre toutes ces villes de la Belgique, dont quelques-unes sont vraiment charmantes, Bruges est celle que je préfère.

Un peu perdu au fond des Flandres, et, par sa situation même, placé en quelque sorte en dehors du mouvement moderne qui emporte la plupart des grandes cités européennes, Bruges est resté une vieille ville, avec sa physionomie originale, son architecture de fantaisie, ses recherches coquettes d'ornementation, ses grandes églises, ses maisons historiées, aux pignons sur rue, ses vastes places, ses sombres monuments dominés par des tours légères, aériennes, lumineuses, remplies de carillons sonores, qui égrènent leurs airs, tour à tour mélancoliques et joyeux, à chaque envolée des heures.

J'aime, le matin et le soir, ses quais solitaires et ses rues désertes, où mille petites plantes aventurent leurs têtes audacieuses, entre les pierres mal jointes du pavé.

C'est peut-être cette dernière particularité qui a séduit notre éminent paysagiste M. MAXIME LALANNE, qui s'est flatté sans doute de trouver une forêt vierge dans les rues de Bruges.

Quoi qu'il en soit, c'est un morceau vraiment exquis que la vieille ville aperçue du *Minne-Water*, endormie et paisible, de l'autre côté de son interminable pont, avec ses puissantes végétations, plantées comme des repoussoirs aux premiers plans, et, dans le lointain, la lourde masse des grandes églises, surmontées de leurs tours sublimes, jalons isolés dans le vaste espace aérien.

Je n'ai point parlé des mérites de l'exécution de l'*Eau d'Amour;* mais j'avais nommé l'auteur, MAXIME LALANNE, le roi du *fusain* : c'était tout dire.

JIMENEZ PRIETO

LE THÉ

Comme son homonyme et son parent, don Luis Jimenez y Aranda, M. Prieto Jimenez consacre un pinceau très habile, très alerte et très lumineux à la reproduction des scènes de la vie élégante et mondaine. L'Art est dans tout, et il prend son bien où il le trouve.

Tel peintre s'attache aux classes laborieuses et populaires et ne veut illustrer que les péripéties plus ou moins sombres de l'existence du travailleur. Tel autre a pour les sujets militaires une préférence si exclusive qu'il souhaiterait n'en traiter jamais d'autres.

M. Jimenez Priéto, lui, se trouve à l'aise dans

les palais : il sait comment s'habillent, marchent ou s'asseoient les gens du monde. On dirait qu'il n'a jamais pris ses modèles que parmi eux. Et avec quelle aisance, quelle souplesse et quel naturel il sait les arranger en beaux groupes !

Nous sommes dans un riche intérieur. Ce canapé, cet écran, ces chaises sont du pur Louis XVI ; mais les tentures des murailles sont plus anciennes de quelques années ; je ne m'étonnerais point que le Bérain les eût dessinées pour les Gobelins ou pour Beauvais. Les costumes sont un peu plus rapprochés de nous — fin du Directoire, ou commencement de l'Empire. Vous comprenez le tableau comme si vous l'aviez fait. Ce houzard, qui porte si crânement son riche uniforme, est un enfant chéri de la Victoire, comme disaient les romances d'alors. Il raconte ses derniers exploits au marquis, en robe de chambre à grands ramages, et la façon dont l'écoute cette belle jeune fille, l'œil attentif, et tournée vers lui, nous permet d'espérer prochainement un de ces mariages comme Napoléon les aimait, entre les filles de l'ancienne noblesse et les hommes de la nouvelle. M. Jimenez Prieto en aura été le parfait notaire.

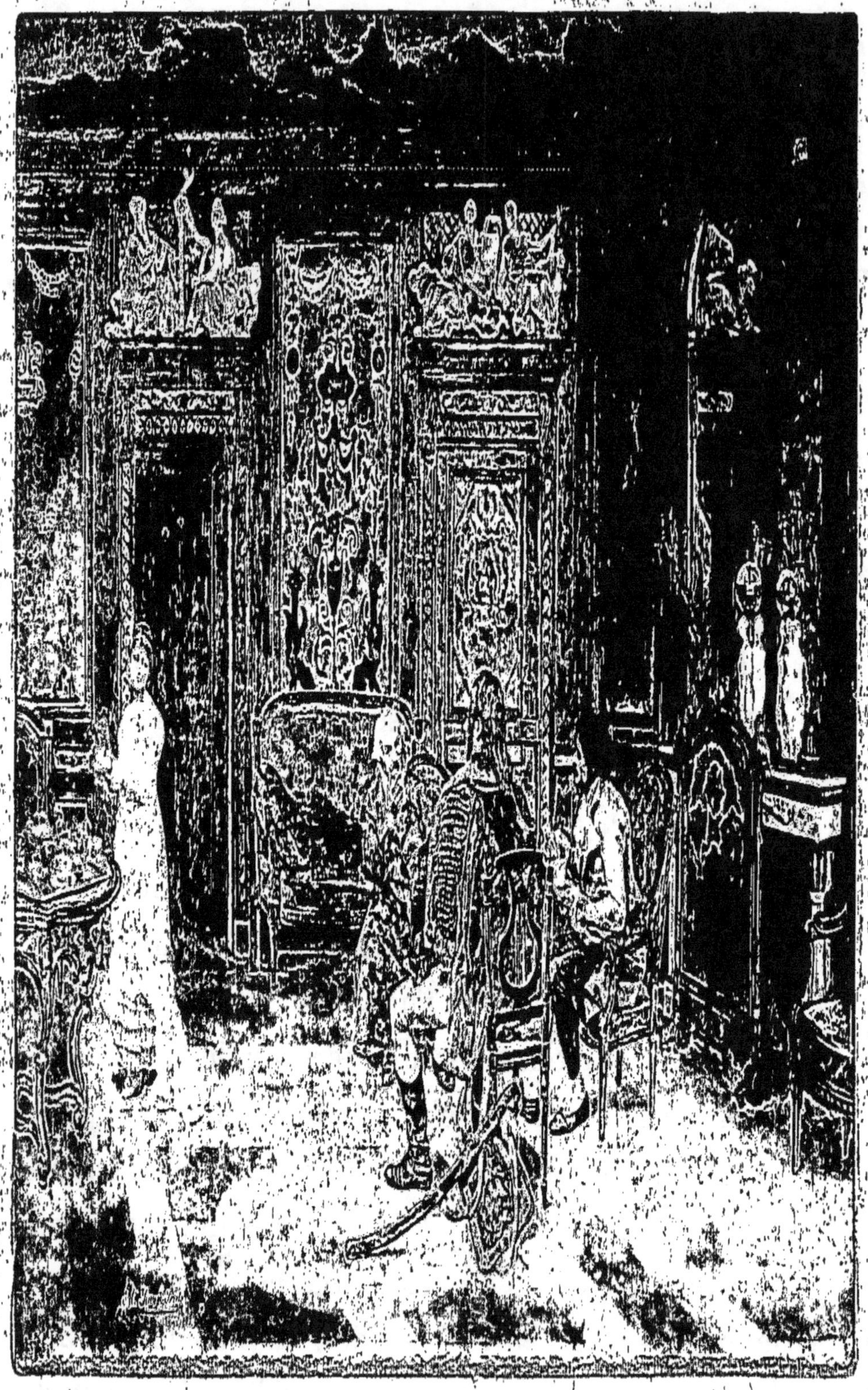

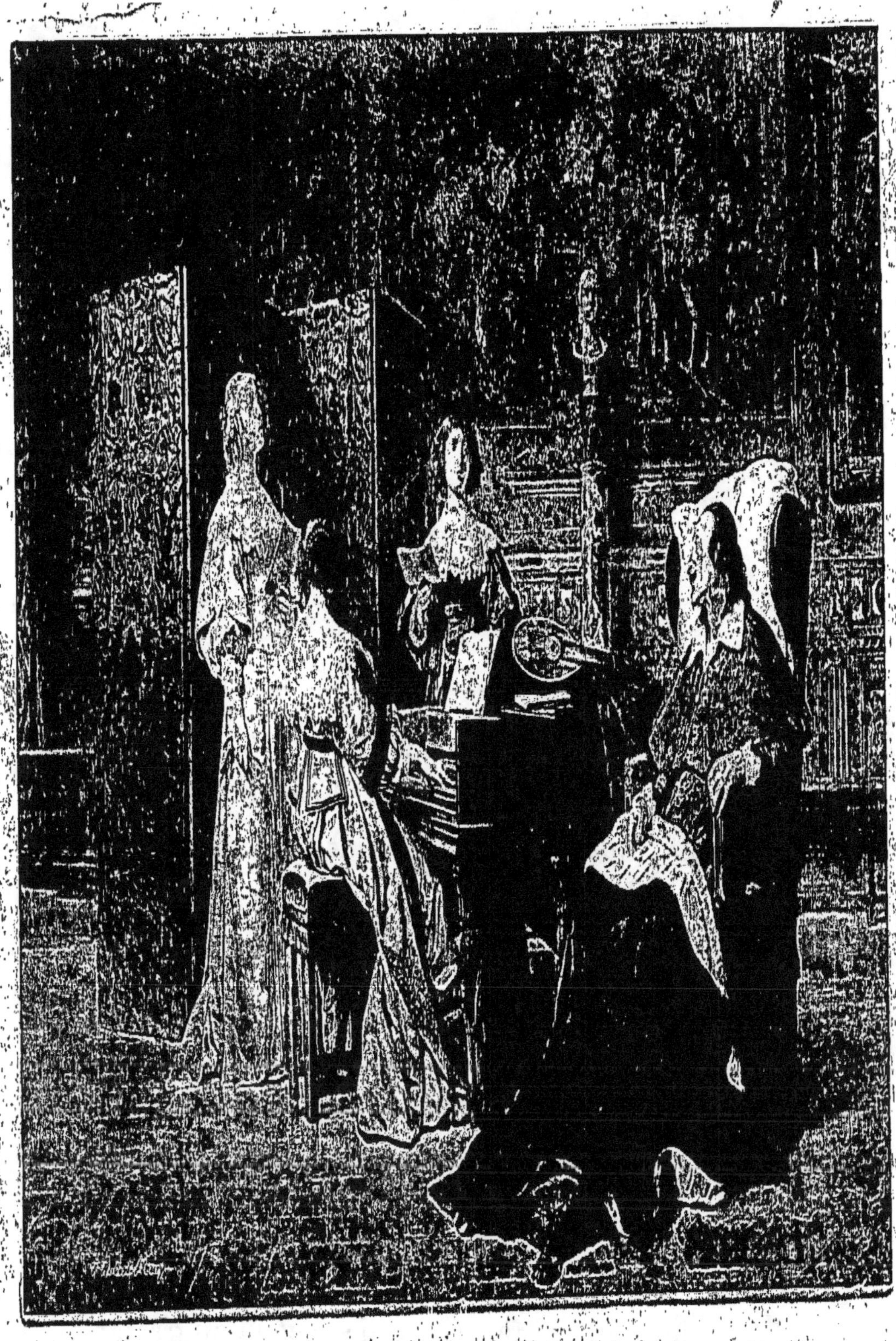

TONY ROBERT-FLEURY

MAZARIN ET SES NIÈCES

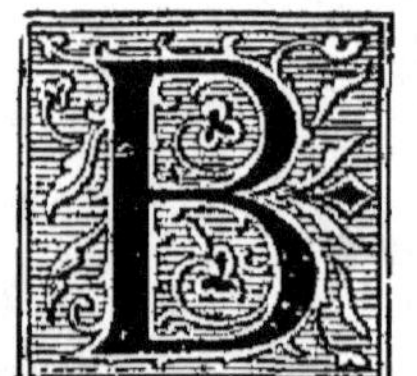

Bien que très jeune encore, M. Tony Robert-Fleury a déjà une remarquable maturité dans la pensée et le talent. Tout jeune il s'est senti puissamment attiré par la muse belle et sévère de l'Histoire, celle dont on a dit :

Clio gesta canens transactis tempora reddit.

Mais l'Histoire aussi a ses pages souriantes, et n'est-ce point vraiment une des plus aimables celle que M. Tony Robert-Fleury intitule : *Mazarin et ses Nièces?*

Le cardinal Jules Mazarin, qui succéda au grand cardinal-duc, Armand du Plessy de Richelieu, un peu comme le renard succéderait au lion dans la monarchie du règne animal, ne donna pas seulement un ministre à la France et un cavalier-servant à la reine mère, la belle Anne d'Autriche; mais il présenta à la cour de France, comme un bouquet de fleurs exotiques, aux parfums capiteux, le groupe adorable et charmant de ses nièces, qui apportèrent leur grâce, leur jeunesse, leur charme et leur beauté, comme un appoint précieux à toutes les séductions d'un règne naissant, qui devait être si glorieux. Mais jusqu'à leurs établissements définitifs, qui furent toujours fort brillants, le cardinal prêtait ses nièces et ne les donnait pas. Il savait se réserver une partie de leur temps, et, dans ses heures de loisir, il jouissait, un peu en égoïste, de leur compagnie, de leur jeunesse et de leurs talents.

C'est un de ces moments-là que le peintre a choisi. Fatigué, déjà malade, le ministre est plongé dans un grand fauteuil confortable, et il regarde et il écoute ces trois Grâces, savantes comme les neuf Muses, qui lui improvisent un délicieux concert. Délicieux est le tableau lui-même.

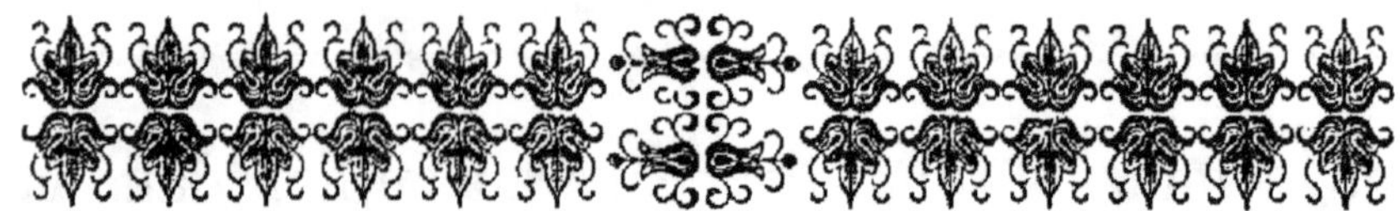

JEAN BENNER

L'ALSACIENNE

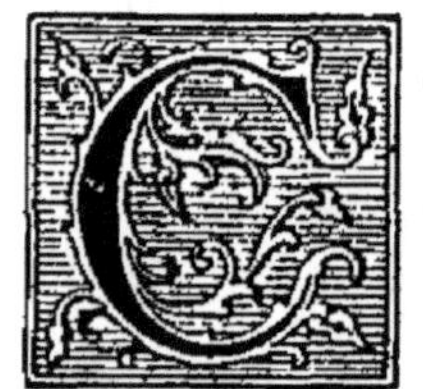

Comme son frère Emmanuel, Jean Benner appartient à cette petite tribu de peintres alsaciens, qui, après nos malheurs, votèrent pour la nationalité française; mais chez qui la fidélité à la mère patrie n'a pas détruit leur ardent amour pour la belle province, meurtrie et sanglante, que nous ont arrachée nos vainqueurs.

L'Alsace vit toujours dans leur cœur, et revit toujours dans leurs œuvres.

C'est l'âme même de ce noble et malheureux pays que M. Jean Benner a symbolisée dans cette belle fille qui semble oublier sa beauté pour ne se souvenir que de ses malheurs. Que de douleur dans cette bouche muette, et pourtant si éloquente! et, dans ces grands yeux, levés et tendus vers le ciel, quel feu sombre et dévorant! c'est le feu du patriotisme, que les larmes mêmes n'éteindront pas!

Debout, les bras tombants, les doigts entrelacés les uns dans les autres, comme il arrive parfois dans l'abandon des grandes douleurs, l'Alsacienne de M. Benner se présente à nous de face, sans prétention à la pose, portant avec une simplicité qui n'est point sans grandeur son costume national : la jupe brune, les manches blanches, le corsage historié, et la grande coiffe noire, au milieu de laquelle brillent, comme les rayons d'une étoile — l'étoile de l'espérance — les trois couleurs de la cocarde française.

A LA FRANCE TOUJOURS!

dit une inscription placée au-dessus de sa tête. Ces mots-là, j'en suis sûr, sont gravés profondément dans son cœur fidèle. Au revoir, mon enfant!

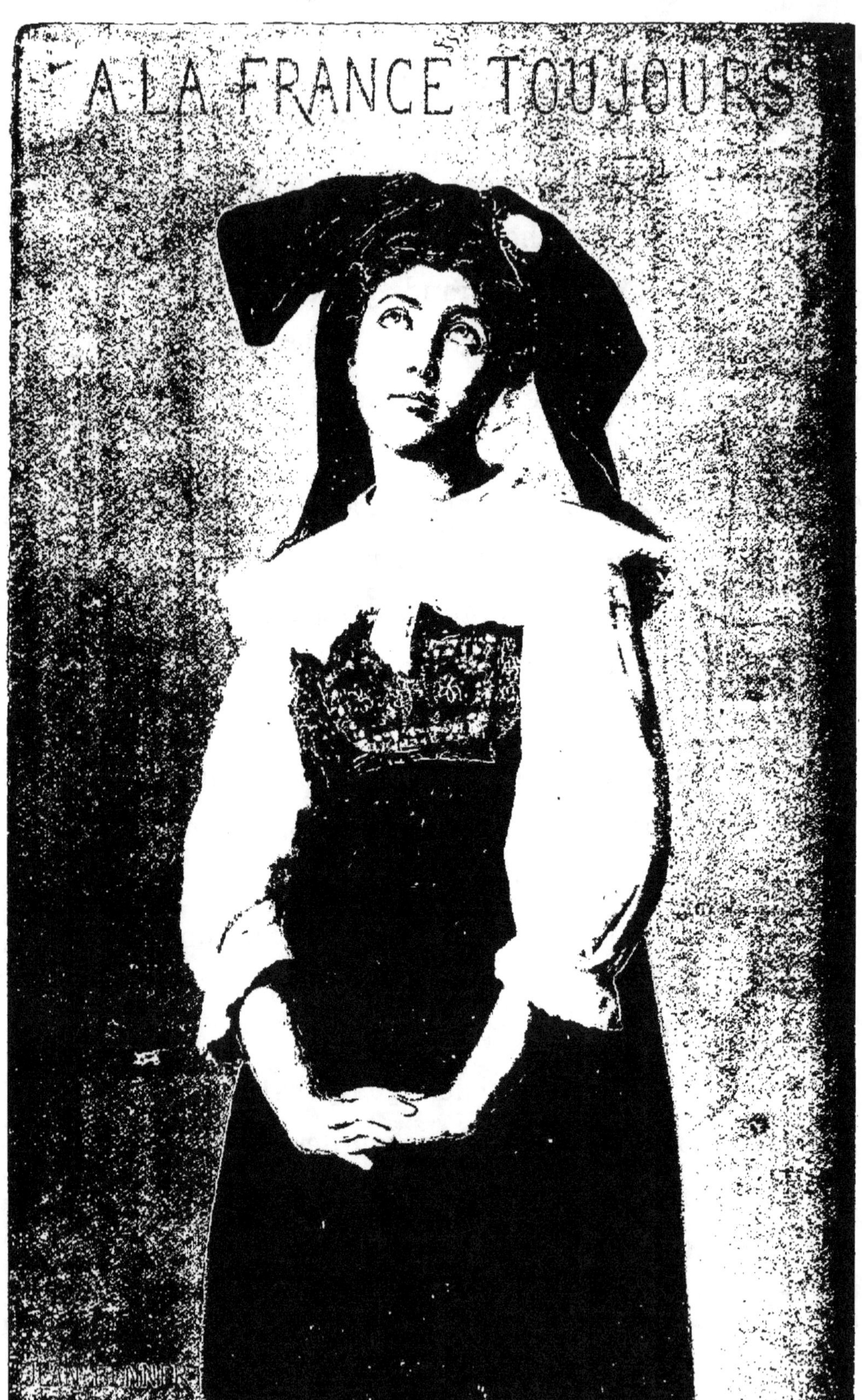
A LA FRANCE TOUJOURS

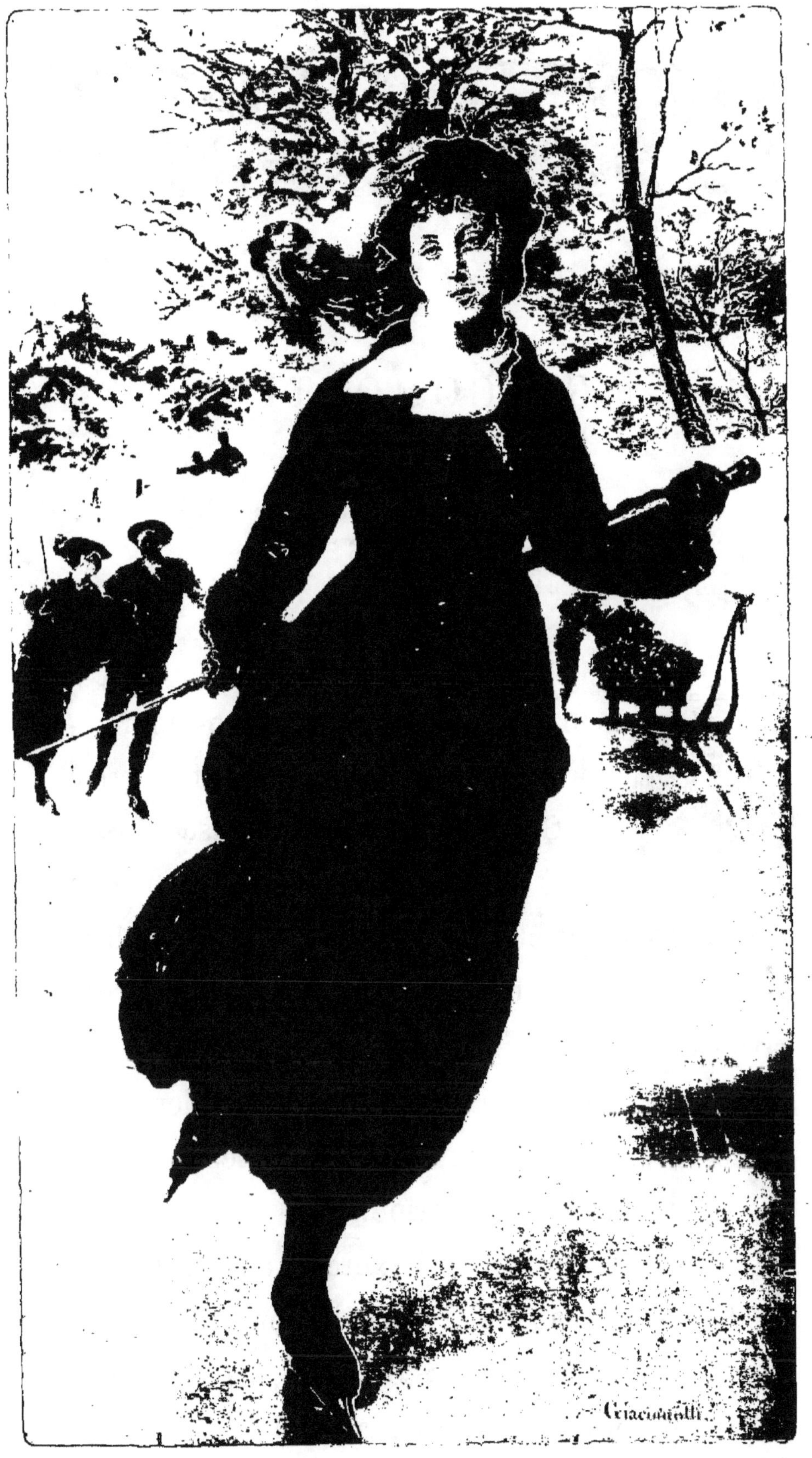
Giacomotti

GIACOMOTTI

PATINEUSE

Il en est beaucoup, parmi nos contemporains, qui sauront un véritale gré à M. Giacomotti d'avoir consacré son pinceau au sport charmant du patinage. Chaque saison de l'année et chaque pays du globe ont leur genre particulier de plaisir. Le printemps a ses cavalcades dans les forêts, où chantent les buissons en fleurs; l'été a ses excursions sur les montagnes, et ses longues stations sur les rivages, que rafraîchit la brise marine.

Le Nord et l'hiver ont l'exercice du patin. Les Suédois, sur le lac Mélar, dont les longs bras glacés entourent et pressent Stockholm, la cité royale, et les Norvégiens, sur les grands fjords, dont les profondes dentelures pénètrent de toutes parts leur pays accidenté, accomplissent avec le patin des prodiges d'audace, de force et de rapidité. Dans ces régions boréales, l'exercice du patin fait partie de l'éducation de la jeunesse. C'est un sport éminemment national. Le patinage est aussi fort en honneur en Hollande, où le vaste développement des canaux offre un champ immense à ce genre de plaisir, qui réclame, avant tout, un libre espace. A Paris, à Vienne, à Berlin, la jeunesse élégante, depuis quelques années surtout, cultive le patin, dès que l'hiver aimable le lui permet, et elle arrive souvent à de fort brillants résultats. Il y a, au *Skating-Club* du bois de Boulogne, des amateurs qui pourraient lutter avec les plus habiles champions de la Hollande, de la Norvège et de la Suède.

N'est-ce point une Parisienne, cette jeune belle lancée à toute vitesse sur la face glacée du petit lac? Elle vient à nous, emportée par son mouvement rapide, souriante et calme, sûre d'elle-même, heureuse de sa grâce juvénile, laissant flotter derrière elle son voile que le vent soulève, et la plume blanche de son toquet noir.

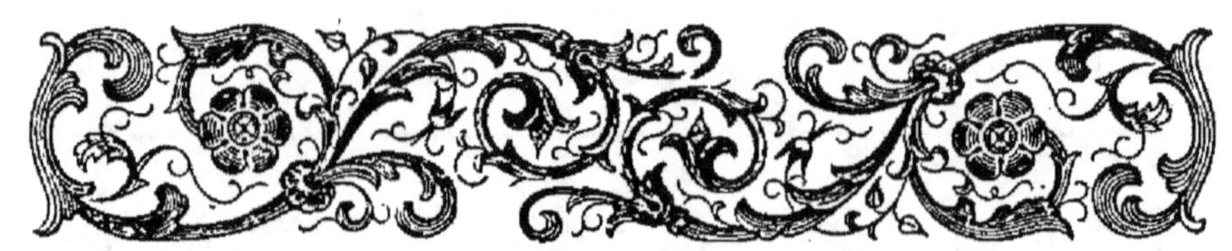

LELOIR

AU BLÉ

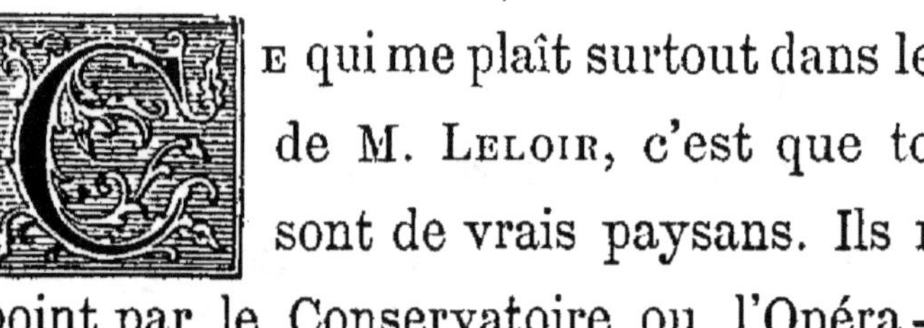

Ce qui me plaît surtout dans les paysans de M. Leloir, c'est que toujours ce sont de vrais paysans. Ils ne passent point par le Conservatoire ou l'Opéra-Comique, pour venir jouer un rôle dans le drame ou la comédie de ses tableaux.

Voyez plutôt la jolie toile qu'il intitule *Au blé*, et dites si vous connaissez beaucoup de pages plus sincères, empruntées par un artiste au livre de la vie champêtre — cela s'appelle *Au blé*, et le laboureur trop pressé m'a tout l'air de vouloir faire la moisson avant d'avoir confié le grain au sillon qu'il entr'ouvre.

Il est vrai que c'est une moisson de baisers.

Nous sommes aux premiers matins d'octobre. La terre fume sous le ciel gris ; quelques fleurettes mourantes émaillent encore les herbes folles. Un paysan robuste, la main appuyée sur le manche de sa charrue au repos, enlace du bras qui lui reste libre une jeune gardeuse de dindons, qui vient de laisser tomber à terre son tricot inachevé. Elle se hausse sur la pointe des pieds pour apporter sa joue aux lèvres qui la cherchent, et, toute frémissante, éperdue d'amour, elle abandonne son jeune corps à l'étreinte de celui qui deviendra bientôt son maître. L'un des dindons, philosophe indifférent et sceptique, picore entre temps les vermisseaux dans la terre fraîchement remuée, sans prendre garde aux amoureux ; tandis que l'autre, jaloux, rouge de colère, redresse ses glandes sanguinolentes, et fait entendre un gloussement de dépit.

Le grand mérite de cette jolie toile, c'est un accent de sincérité dont Millet lui-même, le grand peintre des paysans, eut été vraiment touché.

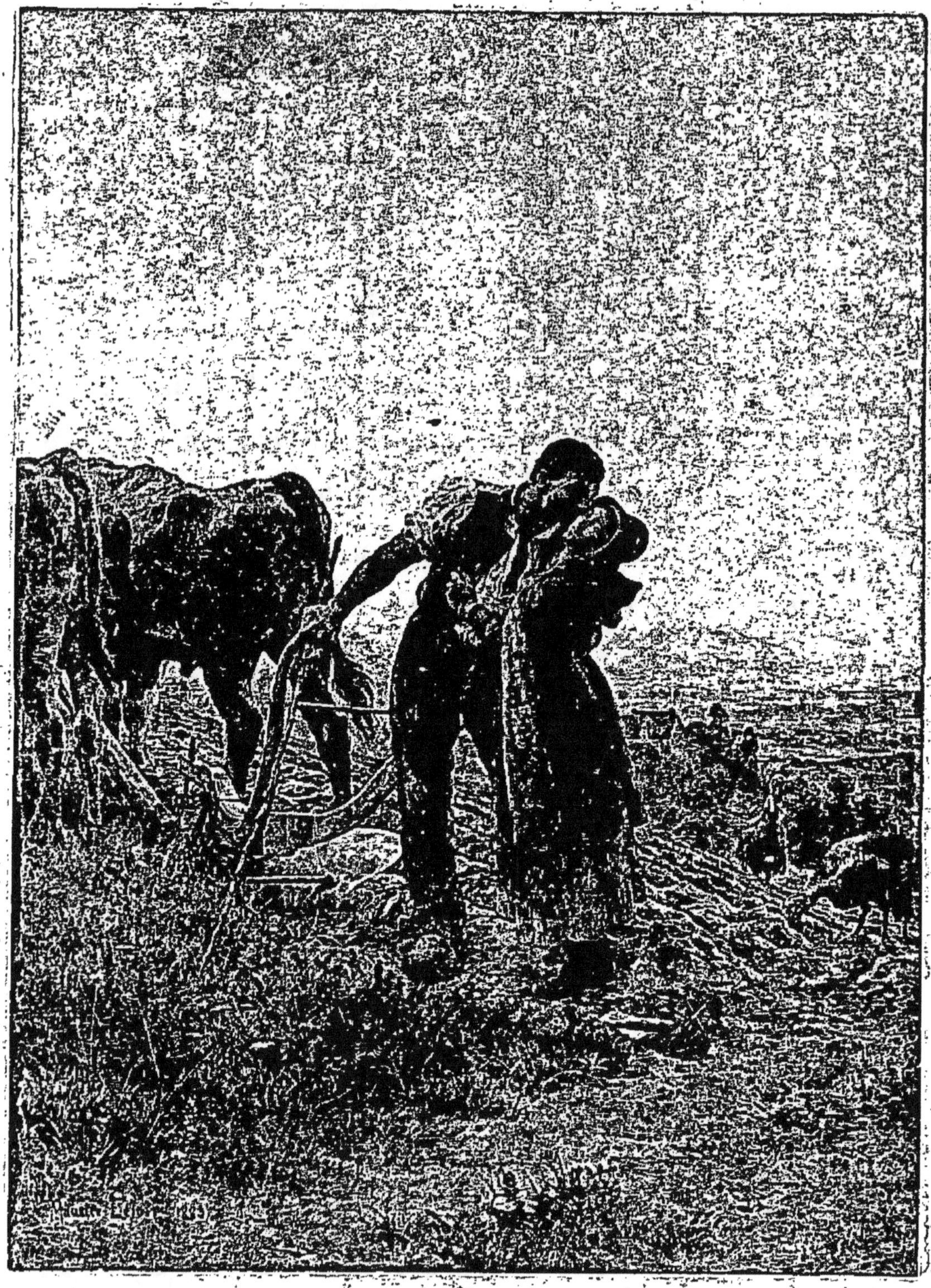

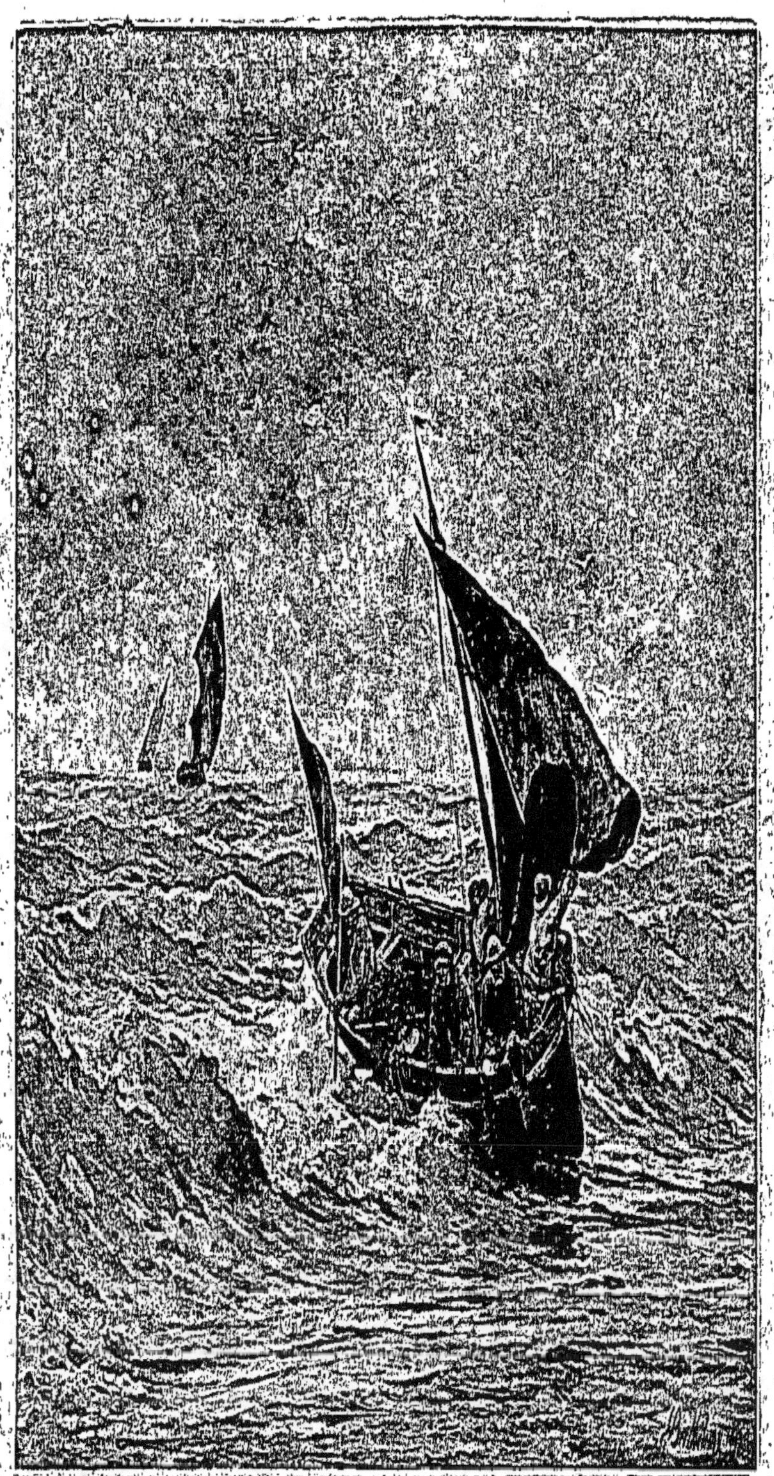

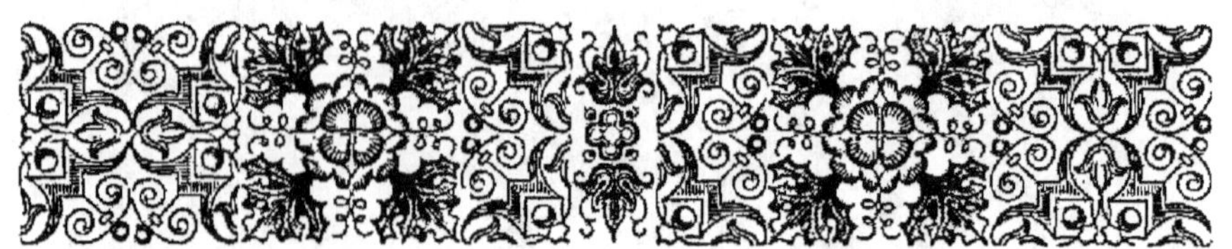

E. BERTHÉLEMY

BARQUE DE PÊCHE

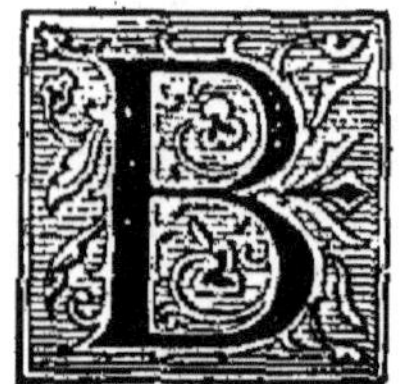

BERTHÉLEMY connaît à merveille les choses de la mer, et l'on peut dire que la vie de nos pêcheurs n'a plus de secrets pour lui. Il est fidèle au rivage comme la mouette et le goéland. Aussi, sans parler des mérites pittoresques, toujours remarquables, de ses tableaux, on y trouve un caractère d'éxactitude et de vérité qui frappe les yeux les plus indifférents : tous ses personnages font vraiment bien ce qu'ils font, en vertu du vieil adage : *Age quod agis !* Il y a là un sentiment intense et profond. C'est la vie même.

Nous sommes à marée haute. La mer bat son

plein et, sur son sein palpitant et profond, balance la barque qui danse lourdement.

Le mouvement des flots a été bien saisi dans sa mobilité incessante. Cette vague qui vient, comme une crinière sauvage, éparpiller sur le sable d'or ses flocons argentés, s'est formée bien loin d'ici dans l'espace sans borne; elle a parcouru peut-être la moitié de l'Atlantique, de minute en minute plus violente, plus furieuse et plus tourmentée, avant de se briser sur la côte normande.

Cependant le pêcheur intrépide, l'homme au cœur blindé d'un triple airain, comme disait Horace, lutte contre la rage des éléments dont son intelligence va triompher. Voyez ce groupe compact et serré : tous sont à la besogne. Celui-ci cargue les voiles; celui-là sonde le bas-fond; cet autre, pour arrimer, saisit déjà les cordages. Le tableau est complet. C'est une page vivante du livre de la mer.

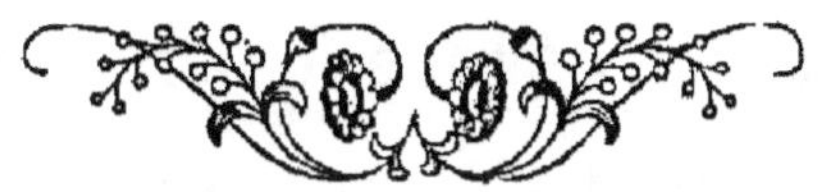

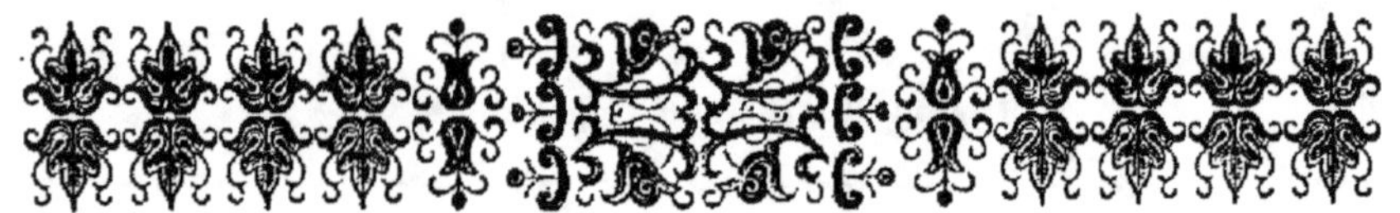

GIROUX

LE DÉPART

Ou je me trompe fort, ou ce sont de jeunes Anglaises qui ont posé pour le groupe des six jeunes filles qui figurent dans le tableau du *Départ*, de M. Giroux.

Je les reconnais à leur costume, moins encore peut-être qu'à leur manière de le porter, et à ce genre de beauté particulier à nos voisines de l'autre côté de la Manche.

L'ensemble de la composition n'en est pas moins agréable, et son arrangement semble de nature à piquer la curiosité de tous les amateurs des sports féminins. Je voudrais être juge de leurs performances.

De quoi s'agit-il? d'une course, à coup sûr; puisque le tableau s'appelle *le Départ*. Ce ne sera point, du reste, une course d'obstacles, car nous sommes dans l'allée très plane d'un beau parc, au bord d'un étang paisible, endormi entre ses rives fleuries, et je ne vois ni barrière fixe, ni haies, ni saut de loup, ni banquette irlandaise. Les cinq concurrentes, trois sous robe blanche et deux sous robe brune, attendent, immobiles au poteau, le signal du *starter*, — *le starter*, une jolie femme bien campée, le poing sur la hanche, qui lève son éventail en guise de drapeau. Tout cela est peint d'un pinceau alerte et vif, expert ès choses mondaines, dans une tonalité générale claire et gaie. C'est un morceau de jolie peinture, et de la peinture qui plaît. M. Giroux possède un pinceau de coloriste.

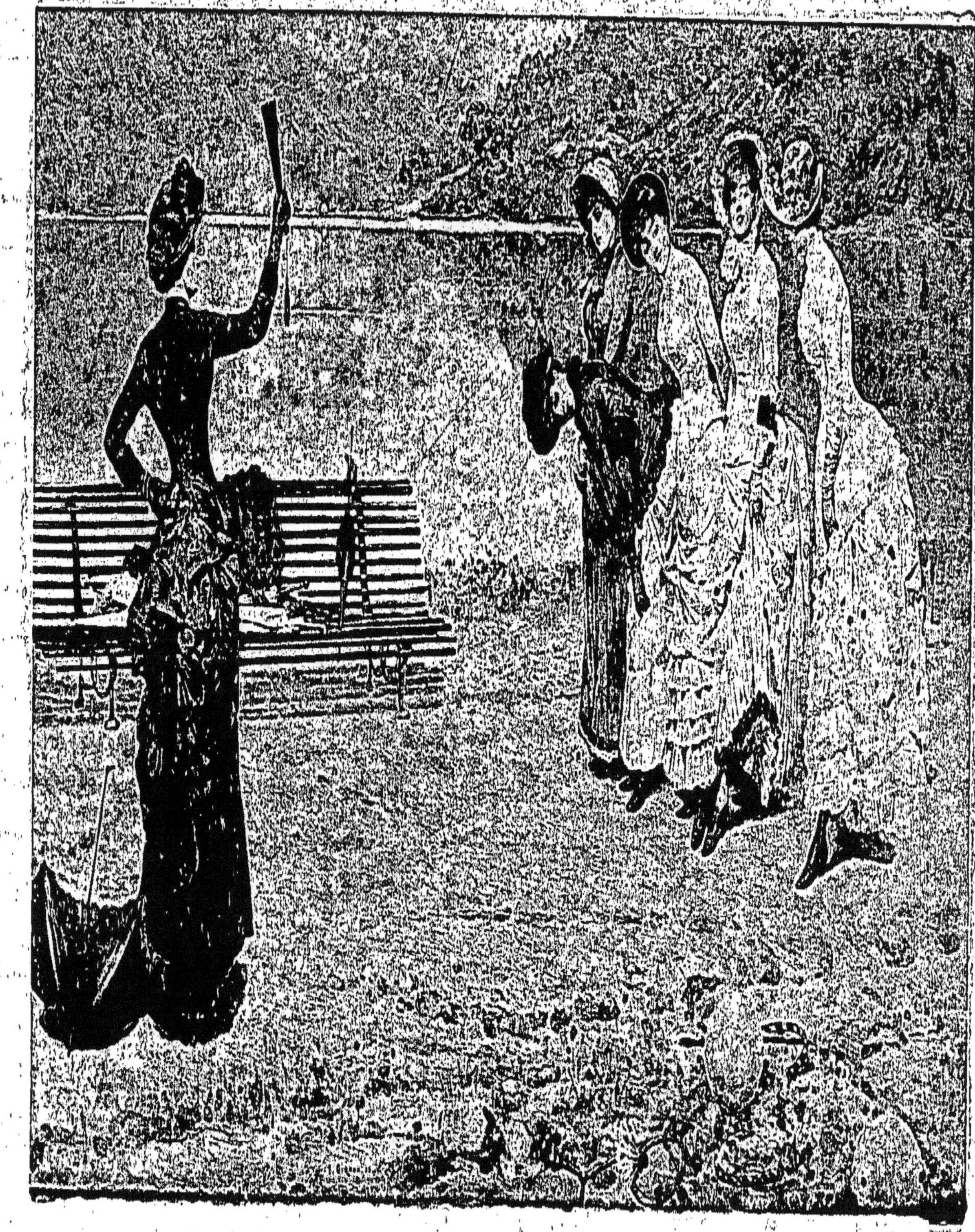

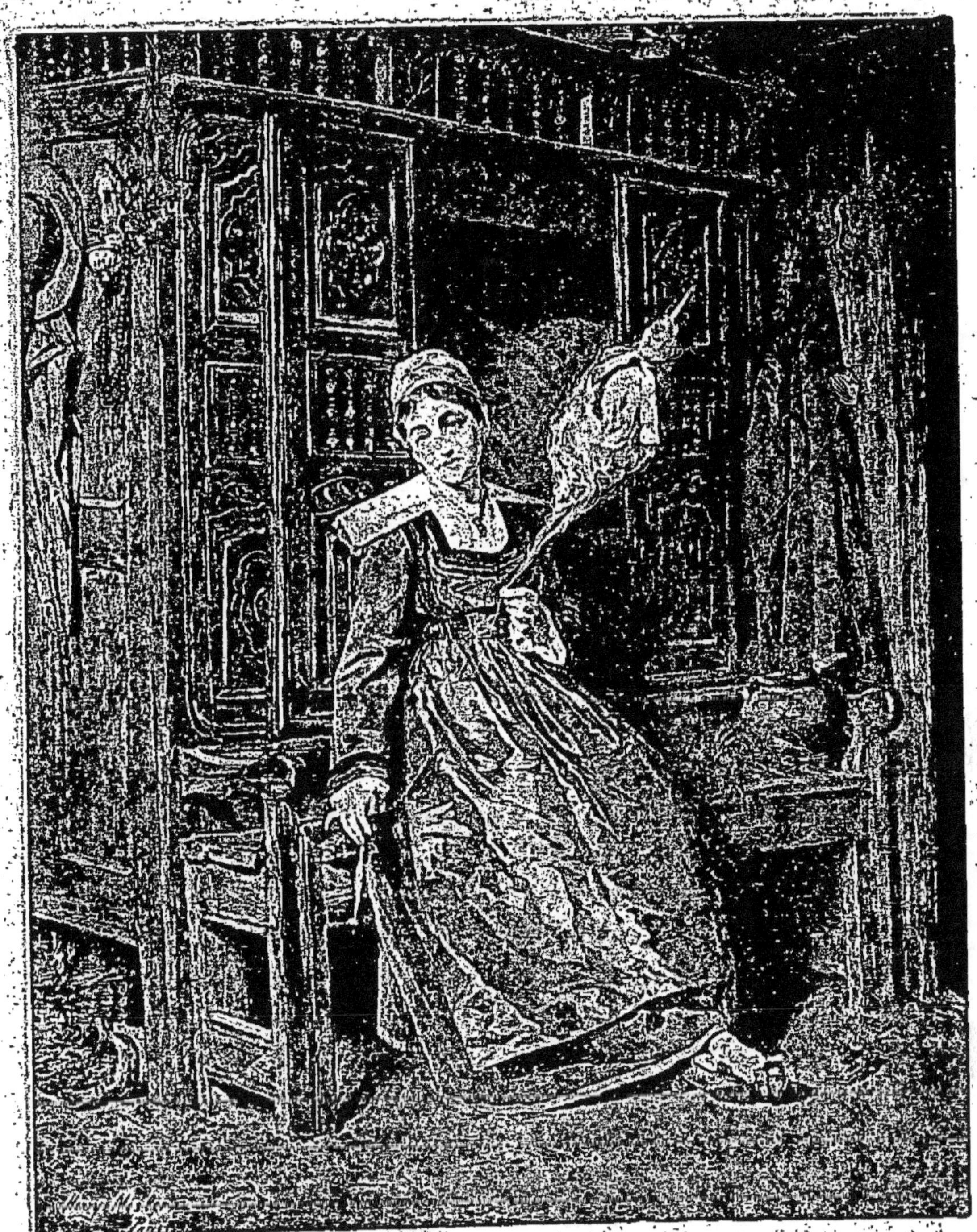

MOSLER

LA FILEUSE

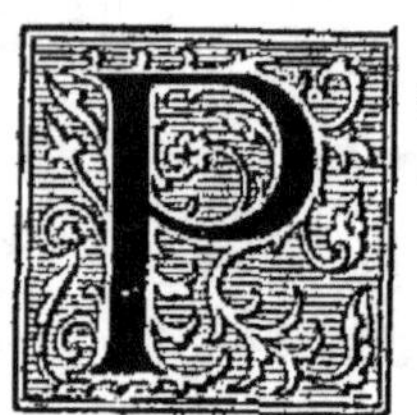

Pour mon compte, j'avoue que j'aime mieux la quenouille de Mosler que la quenouille de Barberine, et que si la jolie *Fileuse* qu'il expose me faisait jamais l'honneur de m'écouter, ce ne serait ni le chanvre ni le lin, mais le parfait amour, que je voudrais filer avec elle.

C'est qu'elle est charmante, en effet, dans sa simplesse naïve, posée à ravir sur son banc rustique, mélancolique comme une petite princesse en exil, et tirant avec une grâce sans pareille, de l'écheveau trop chargé, les flocons soyeux et dorés dont ses mains habiles et mignonnes vont faire un fil sans bout, qu'elle vous enroule autour du cœur. Tout plaît et tout ravit dans cette créature vraiment séduisante, et l'attitude et le geste et la pose. L'expression plus encore : — l'expression, qui n'est autre chose que l'âme visible. Il y a de tout dans cette créature sympathique : de la rêverie, de la tendresse et de la bonté. On voit bien que sa tâche ne l'absorbe point entièrement, et que, tout en travaillant, elle trouve le temps de penser encore à autre chose qu'à sa quenouille et à ses fuseaux. Mais à quoi pense-t-elle? A quoi pensent les jeunes filles!

M. Mosler a placé cette gente jouvencelle dans un milieu tout à fait digne d'elle. Il y a beaucoup de recherche et de distinction dans cet intérieur un peu sombre, et cette belle créature qui porte avec une réelle distinction un costume d'une sévère élégance, détache, par un vif relief, sa tête fine et pâle sur le grand meuble en chêne ouvragé qui occupe tout le fond de la pièce, austère et riche à la fois.

GIRON

LES DEUX SŒURS

Il y a comme une fleur de *parisianisme*, si l'on veut me permettre de faire le mot, peignant si bien d'ailleurs la chose qu'il exprime, dans le tableau de M. Giron. Il nous montre un coin de Paris dans lequel se résument la vie, le mouvement et l'élégance — et les contrastes — de la grand ville qui, malgré ses malheurs, reste toujours la capitale du monde.

C'est l'heure du Bois, et nous assistons au défilé des belles et des riches qui s'y rendent.

Il y a là vraiment un délicieux pêle-mêle d'équipages, d'amazones, de piétons et de gentlemen-riders, arrangés à souhait pour le plaisir des yeux.

Le centre de la composition, vers lequel se portent tout d'abord les regards et qui concentre tout l'intérêt du tableau, est occupé par une de ces calèches, comme les fabriquent Binder et Million-Guiet. C'est un huit-ressorts bien attelé, dont la ligne générale a l'ovale allongé d'une conque marine ; mais au lieu de la Vénus Aphrodite, née de l'écume des flots de la mer Ionienne, c'est une Parisienne pur sang qui trône sur ses coussins moelleux.

Idéalement jolie ; toute lumineuse dans sa toilette blanche, robe blanche, ombrelle blanche, et plume blanche au chapeau, elle semble résumer en elle la séduction, le charme et la grâce que la nature, secondée par la civilisation, peut incarner dans une femme. — Mensonge que tout cela ! c'est une *fleur du mal*, une Dona Sabine, qui a vendu sa beauté pour un bijou... et un titre de rente. — Elle a failli écraser, sous ses roues brillantes, sa sœur restée honnête — et qui la maudit !

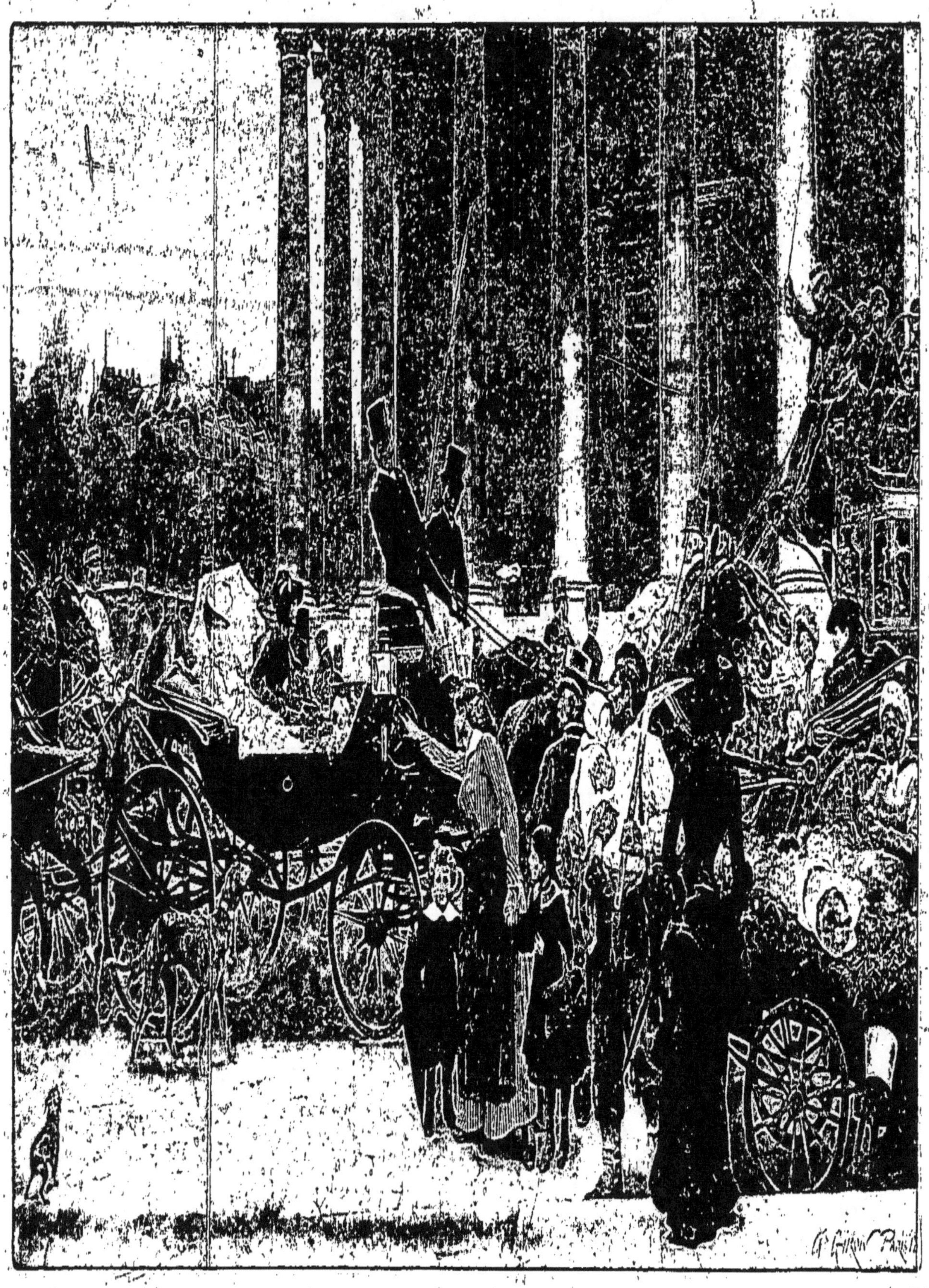

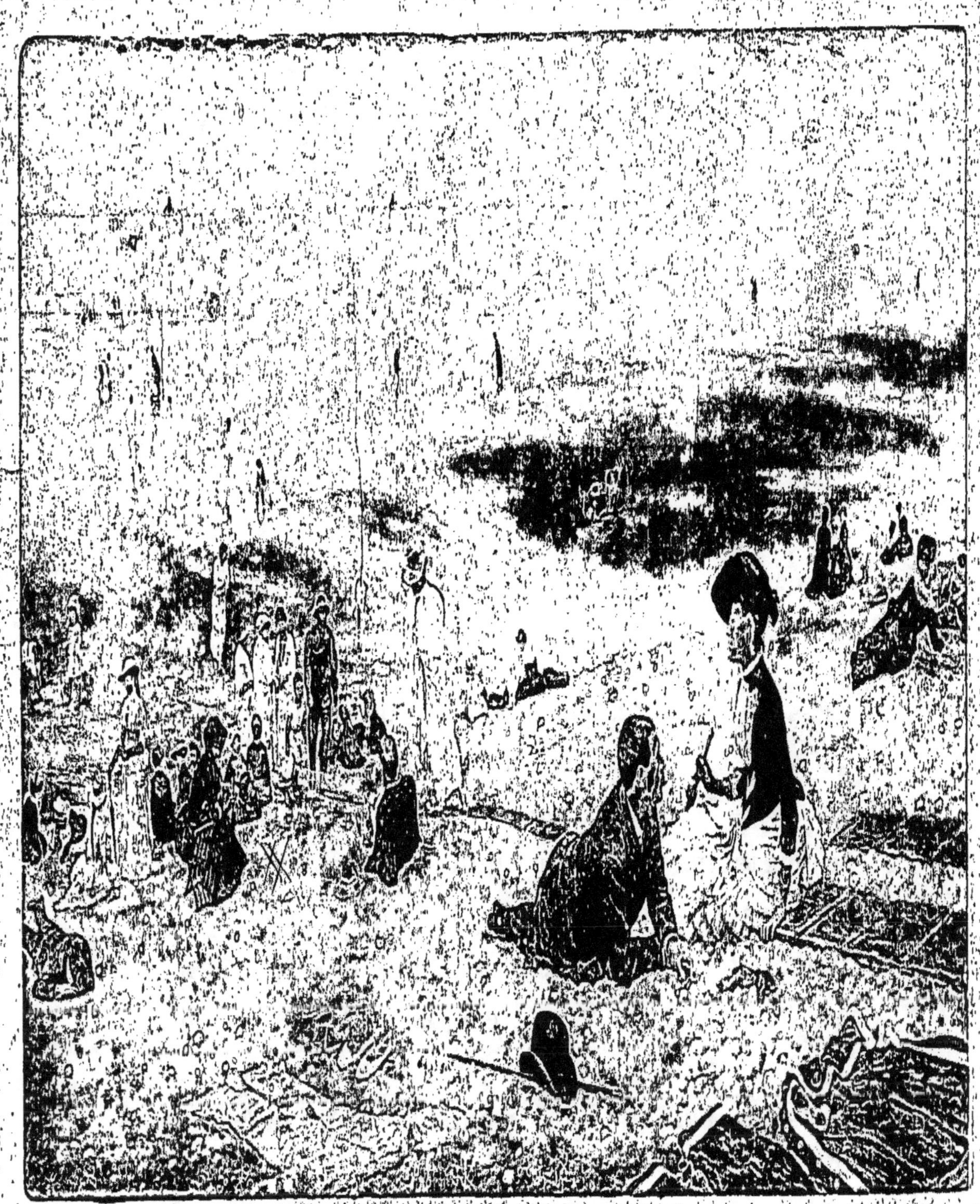

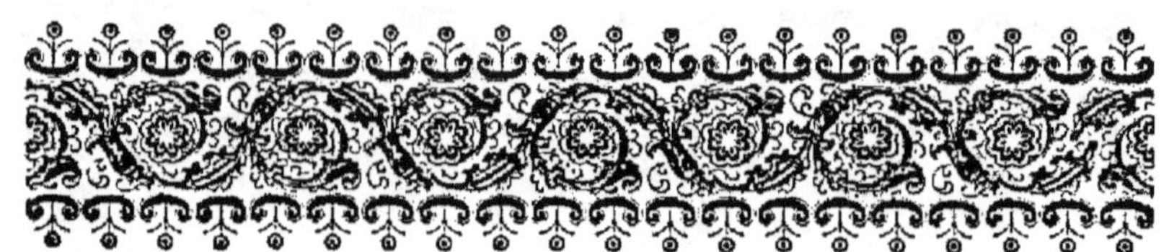

AUBLET

SUR LES GALETS

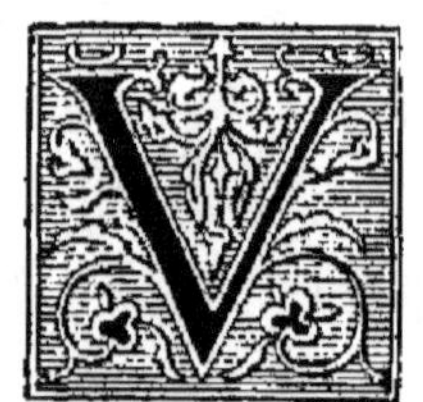

Voici la première fois que le Paris-Salon reproduit un tableau de M. Aublet. Le Paris-Salon a eu tort de négliger si longtemps un artiste d'un si réel talent, dessinateur sûr de lui, et coloriste des plus fins.

J'ajoute, comme caractéristique de sa manière, un sentiment très vrai, très juste et très profond de la vie moderne. Il n'a pas besoin de dater ses tableaux pour que l'on reconnaisse leur millésime : ils le portent en eux et avec eux.

Il y a beaucoup de savoir, d'habileté artistique et d'élégance mondaine dans le tableau exposé au Salon de 1883, sous ce titre : *Les Galets*.

Ces galets, ce sont ceux du Tréport, une plage qui n'est pas un premier grand cru fashionnable; qui n'a ni la *crème* de Trouville, ni le *gratin* de Dieppe, ni le *pschutt* de Deauville ; mais sur laquelle on peut cueillir chaque été une petite fleur de bourgeoisie fort aimable.

On n'y fait pas les cinq toilettes par jour obligatoires autour de certains casinos. Mais la coquetterie féminine ne perd pas ses droits pour cela, et l'on y peut voir, à l'heure du bain, un vrai bouquet de jeunes et jolies femmes.

M. Aublet a su les peindre d'un pinceau plein de finesse et de recherche, qui semble les caresser en les touchant. Les unes s'arrangent en beaux groupes; les autres s'isolent, rêveuses solitaires, et regardent le flot qui s'en va; les autres, amies de l'amoureux duo, écoutent la fleurette que leur content de jeunes galants. Tout cela est juste, vu et vécu.

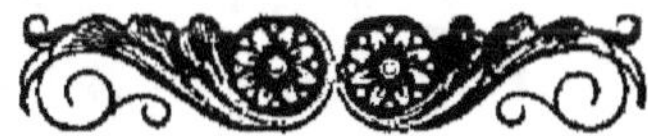

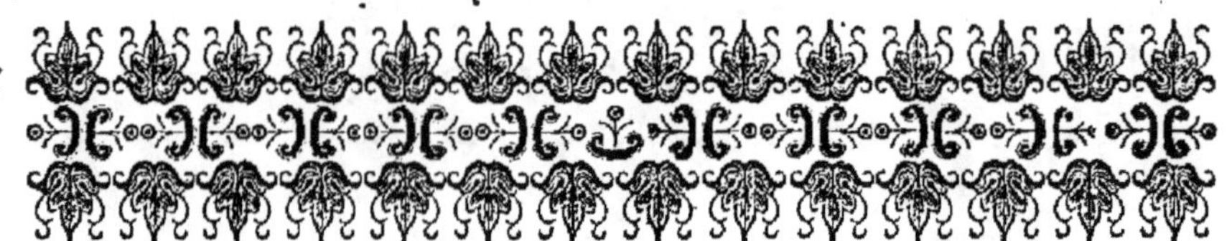

DE VUILLEFROY

LA SORTIE DE L'HERBAGE

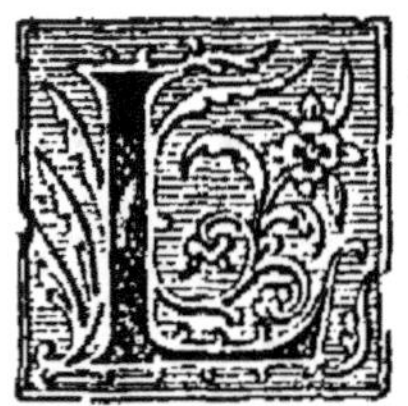

Les œuvres exposées par M. de Vuillefroy, en ces cinq ou six dernières années, lui ont donné un rang distingué parmi nos peintres animaliers. Il se partage avec Van Marcke la succession de ce maître parmi les maîtres, — le regretté Troyon; — on peut se tailler des provinces dans ce royaume.

M. de Vuillefroy est en même temps un peintre d'animaux et un paysagiste. Ses landes bretonnes et ses prairies normandes ont un accent de vérité qui fait tressaillir d'aise les habitants des deux belles provinces dont il aime à reproduire les aspects tour à tour charmants et grandioses.

Mais c'est principalement dans la peinture des animaux qu'il trouve l'emploi de ses facultés maîtresses. Personne n'a fait de nos races bovines une étude plus serrée, plus consciencieuse et plus approfondie.

Il suffira, pour s'en convaincre, d'un seul regard jeté sur le tableau que notre Paris-Salon reproduit avec une remarquable fidélité.

Cette *Sortie de l'herbage* est vraiment une page animée et pittoresque de la vie rustique dans nos provinces de l'Ouest. Le troupeau quitte à regret la pâture abondante. Il n'avance qu'avec une lenteur nonchalante, en se retournant vers l'herbe épaisse. Il vient vers le spectateur, qui peut ainsi se rendre compte et de la justesse des mouvements, et du modelé typique des formes — il s'agit de la belle race cotentine — et de l'expression à la fois placide et rêveuse de ces physionomies ruminantes. Les animaliers n'ont point au Salon de 1883 une page plus sérieusement belle que cette sortie d'herbage.

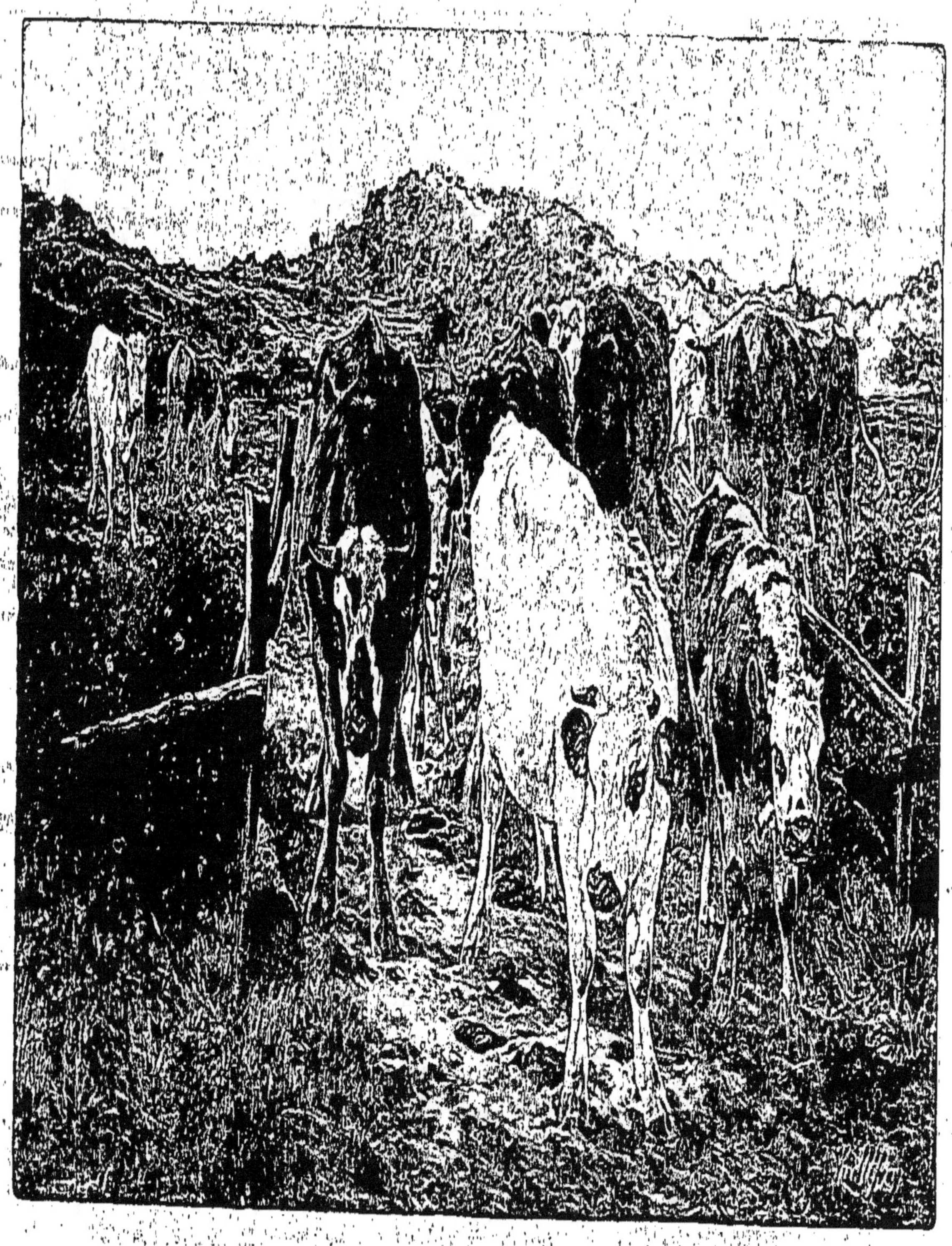

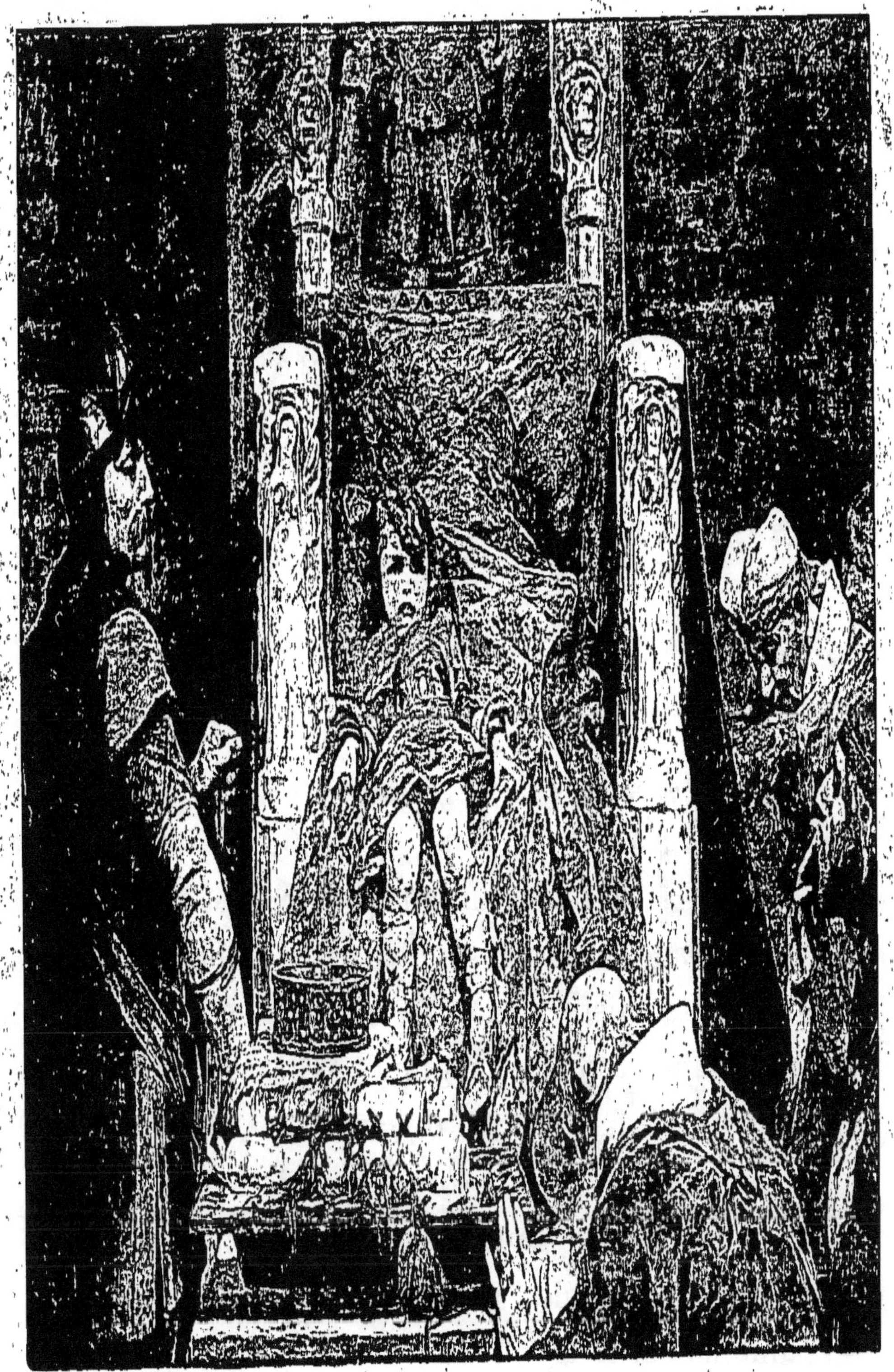

ALBERT MAIGNAN

HOMMAGE A CLOVIS II

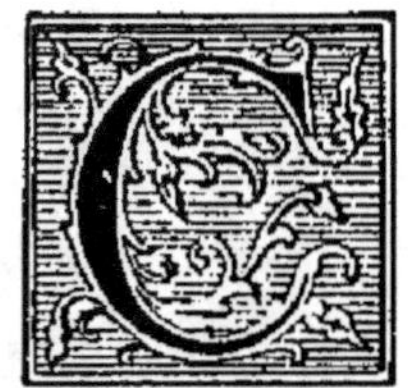

Ce n'est pas d'aujourd'hui que nous reconnaissons chez M. ALBERT MAIGNAN un sens profond de l'histoire. Il a sa place marquée — et c'est une belle place — parmi les historiens pittoresques. Son pinceau, comme une baguette magique, évoque les siècles évanouis, et fait revivre devant nous les personnages endormis depuis longtemps dans le silence et la paix du tombeau. A sa voix, ils viennent de nouveau, pour le passe-temps d'une heure, recommencer leur rôle dans la comédie humaine.

Après avoir poussé dans diverses directions des pointes aventureuses, mais toujours couronnées de succès, M. Albert Maignan, depuis quelques années, semble fixer sa préférence et son choix sur ces TEMPS MÉROVINGIENS, qu'un écrivain de génie a remis en lumière, grâce à des récits dont l'intérêt palpitant ferait pâlir les fictions des plus ingénieux romanciers.

Pour peu que l'on regarde avec quelque attention l'*Hommage à Clovis II*, reproduit dans notre PARIS-SALON, on reconnaîtra sans peine qu'Albert Maignan eût été un digne illustrateur d'AUGUSTIN THIERRY. C'est une impression profonde qui se dégage de cette belle page d'histoire, d'une grandeur quelque peu barbare, mais qui n'en est pas moins saisissante. Ces Leudes puissants de la monarchie mérovingienne, inclinés devant l'enfant-roi, couché plutôt qu'assis sur le trône monumental des princes chevelus, me rappellent assez les rois mages, prosternés autour de la crèche de l'enfant-Dieu, et lui offrant leurs présents symboliques, l'or, le myrrhe et l'encens. La scène est, du reste, traitée avec un remarquable sentiment du passé, et peinte avec une rare vigueur.

FEYEN-PERRIN

PRINTEMPS

L est difficile de regarder le joli tableau que M. Feyen-Perrin intitule le *Printemps*, sans se rappeler aussitôt l'exclamation du poète italien :

« O jeunesse, printemps de la vie ! O printemps, jeunesse de l'année ! »

Comme beaucoup d'entre nos artistes contemporains, M. Feyen-Perrin, depuis quelques années surtout, s'est voué, je dirais volontiers exclusivement, au culte de la beauté féminine, de *l'éternel féminin*, si bien chanté par Gœthe.

Mais ici, chacun a son genre et ses préférences particulières :

Trahit sua quemque voluptas !

Ernest Hébert aime les mélancoliques et maladives victimes de la *malaria;* Bonnat les aristocrates superbes et triomphantes ; Carolus Duran, les grâces opulentes, un peu montées de ton et de couleur ; Jules Lefebvre, les suivantes de Diane, les fières chasseresses, l'arc à la main et le carquois à l'épaule ; Chaplin, les rouées innocentes et les corrompues sans le savoir; Hector Le Roux, les vestales, qui entretiennent en lui le feu sacré ; Jacquet, les Laïs et les Phrynés modernes — celles que l'on appelle si ingénument des *tendresses*, — un nom qui les fait rire !

Feyen-Perrin, lui, préfère les honnêtes jeunesses, celles que l'on voudrait avoir pour filles, pour sœurs et pour femmes. Il les choisit d'ordinaire dans les classes laborieuses, où le travail conserve et préserve. — J'ajoute qu'il les prend à l'heure propice : pêcheuses, avant la tempête ; ouvrières, avant l'atelier ; paysannes, avant la cruche cassée.

C'est une de celles-là qui symbolise le printemps ; exquise dans son charme inconscient, pure dans sa nudité chaste.

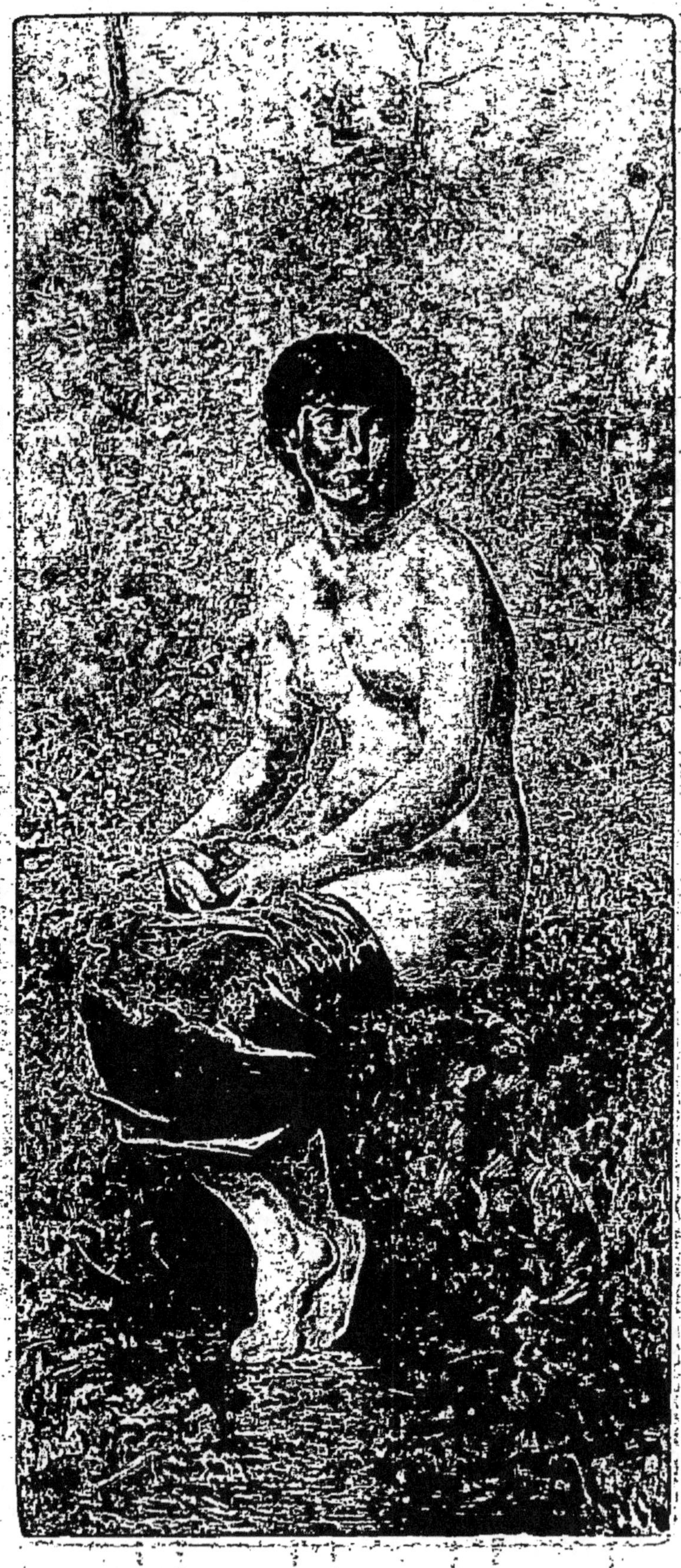

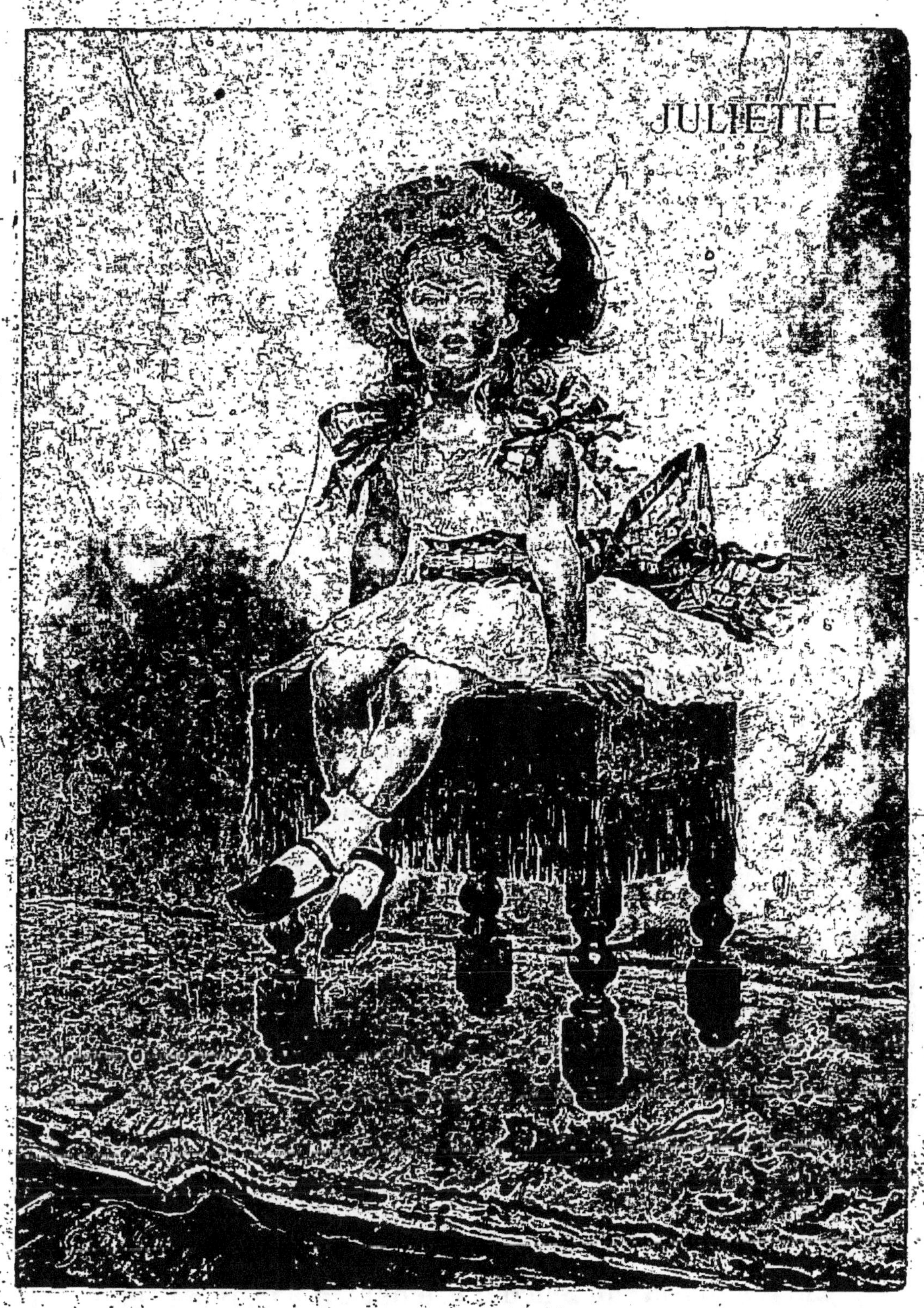
JULIETTE

G. DUBUFE

MA FILLE

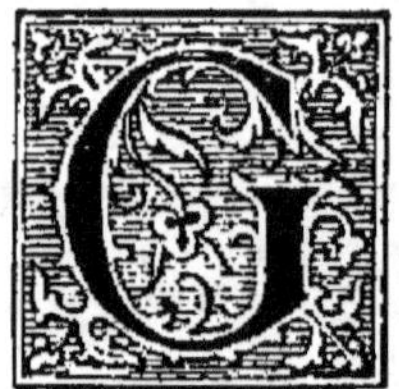

Guillaume Dubufe est un de ces mignons de la destinée, qui n'ont eu qu'à se donner la peine de naître pour n'avoir ensuite que le plaisir de vivre. Il est venu au monde, comme disent les Anglais, avec une cuiller d'argent dans la bouche. Son nom était célèbre avant même qu'il ne le portât, et la notoriété de deux générations d'artistes s'attachait à chacun de ses pas, avant même qu'il ne sût marcher.

Mais ni l'enfant, ni plus tard le jeune homme, ne virent là un encouragement à l'oisiveté, et, bien qu'il fût assuré d'avoir tous les soirs le pain quotidien que nous demandons à Dieu tous les matins, Guillaume n'en a pas moins fourni la tâche de chaque jour avec l'assiduité, le zèle et le courage d'un homme obligé de gagner le souper de sa famille.

Nous connaissons de lui des aquarelles d'un éclat et d'un brio charmants; des tableaux de chevalet d'une recherche élégante, et une immense page décorative et allégorique : La *Glorification de la musique sacrée et profane.*

Aujourd'hui le vaillant artiste tient à nous prouver la vérité du proverbe : « Qui peut le plus peut le moins! »

Aussi nous donne-t-il une simple figure — une fillette, — la sienne, — MADEMOISELLE JULIETTE, sortant à peine de la *nursery*, gravement assise sur un tabouret qui vaut celui des duchesses à la cour, naïve, étonnée dans sa grâce mignonne, déshabillée avec une coquetterie de grande personne : délicieux portrait, qui est, en même temps, le plus joli des tableaux de genre.

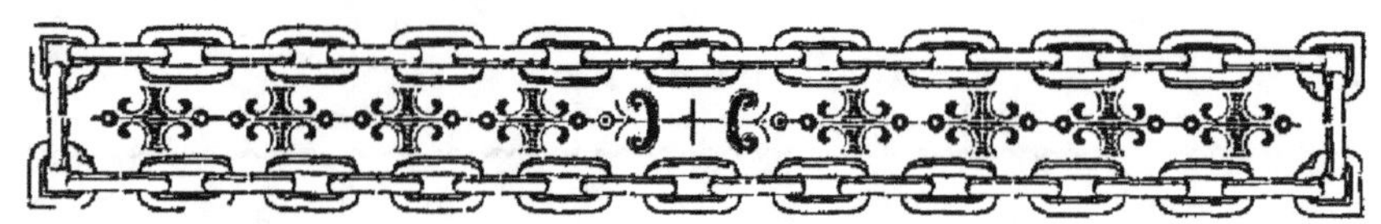

THÉODORE FRÈRE

LES ENVIRONS DU CAIRE

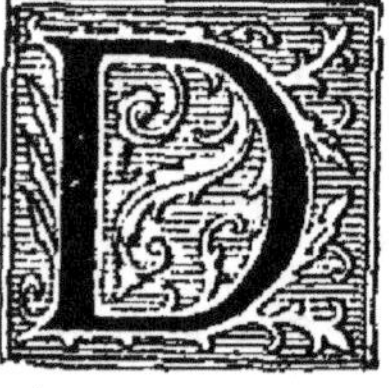EPUIS que M. de Lesseps a percé l'isthme de Suez, pour faciliter aux Anglais la conquête de l'Égypte, l'Orient est un peu passé de mode.

L'orientalisme, comme le *trois pour cent*, a subi une forte dépréciation. Pour beaucoup de gens, il n'a plus à nous montrer que des marchands de dattes et de pastilles du sérail.

M. THÉODORE FRÈRE est un de nos peintres inspirés par ce beau pays, et nous lui savons gré de fixer, sur des toiles qui resteront, ces hommes et ces choses d'un pittoresque achevé, mais qui, après être restés immobiles pendant des siècles, se voient à leur tour envahis par la civilisation européenne.

Après s'être longtemps borné à l'exploration de l'Algérie, cette Afrique française, M. Th. Frère s'avance aujourd'hui vers cette Afrique anglaise qui s'appelle l'Égypte. Il nous montre un campement d'Arabes, aux environs du Caire, là où le désert commence. A gauche, les tentes déjà dressées pour la nuit; à droite, les grands chameaux, les uns, debout, attendant qu'on les décharge, les autres allongeant déjà sur le sol leurs formes immenses. Au milieu les Arabes : ceux-ci debout, regardant l'horizon; ceux-là assis en rond, écoutant les récits d'un conteur des Mille et une nuits.

Le tableau est complet, et rien n'y manque de ce qui pourra réjouir vos yeux à votre prochain voyage en Orient, ni la grandeur des sites, ni la majesté un peu théâtrale des hommes, ni la poésie des costumes, ni le charme d'une lumière incomparable. C'est un Th. Frère de derrière les fagots.

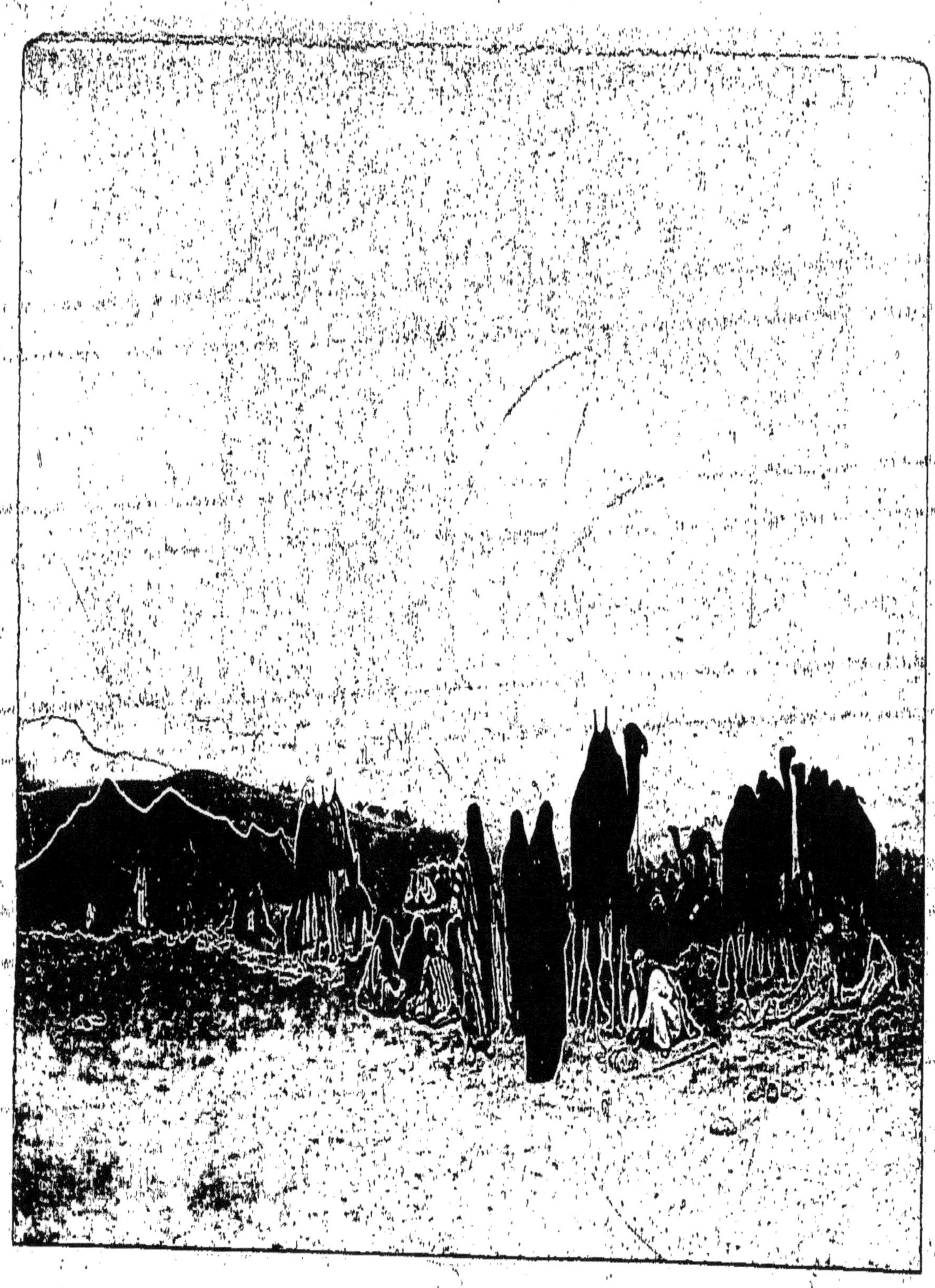

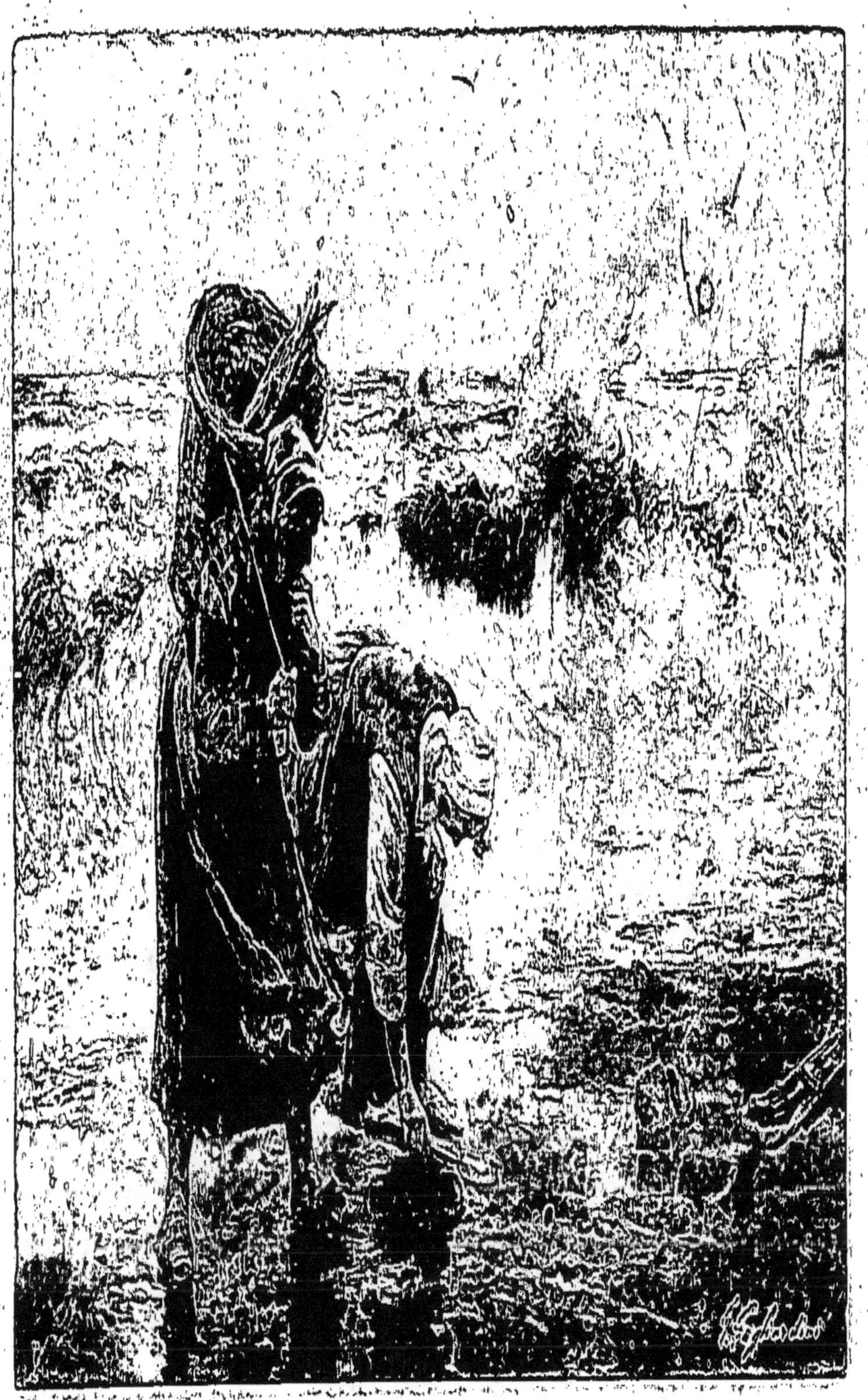

GAGLIARDINI

LES CHERCHEUSES D'ÉPAVES

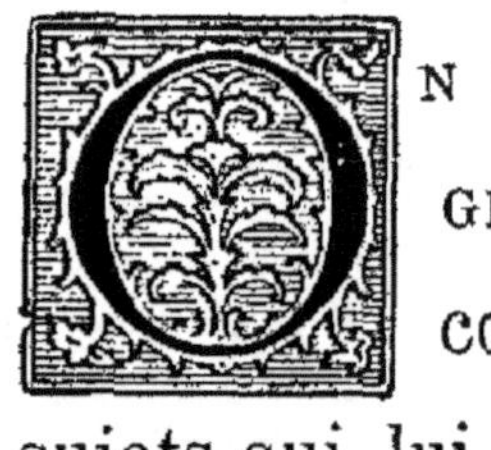

On aurait tort de reprocher à M. Gagliardini de s'occuper de ce qu'il ne connaît pas, et de peindre de chic des sujets qui lui sont étrangers. Personne n'est plus que lui familier avec les choses de la mer. Il a pour elles une instinctive préférence; l'océan l'attire, et on le voit chaque été sur nos plages de l'Ouest ou du Nord. Il en rapporte de véritables marines, pleines d'espace, d'air et de lumière, devant lesquelles je crois toujours respirer l'âcre mais vivifiante senteur de la brise salée. M. Gagliardini me fait l'effet de compter ses meilleurs amis parmi les pêcheurs et les marins. Il s'est identifié à leur vie ; il a causé avec leurs femmes, et fait danser leurs petits sur ses genoux. Aussi, dans son œuvre, déjà considérable, vous ne trouverez pas une fausse note. C'est la vérité même qui conduit ses pinceaux.

C'est, à coup sûr, une fort jolie toile, celle que reproduit notre Paris-Salon, et qui s'appelle les *Chercheuses d'épaves.*

Elles sont deux — une vieille, l'autre plus jeune — qui s'en vont, le panier au dos, le couteau à la main, cueillant sur les petites roches, mises à nu par le flot descendant, les menus crustacés que leur coquille y retient. Les deux pauvres sont bien à ce qu'elles font : aucune distraction ne les détourne. On voit bien que c'est leur vie qu'elles demandent au rivage avare. Qu'elles se hâtent, pourtant, car la mer arrive, impitoyable et rapide, et cette vague immense, qui arrondit sa volute presqu'au-dessus de leur tête, menace déjà de les engloutir.

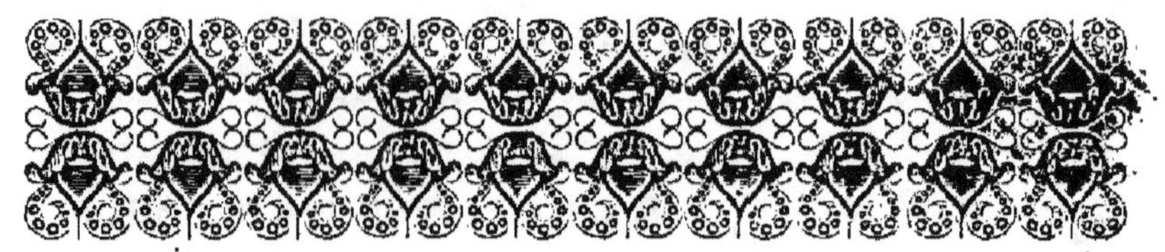

APPIAN

ENVIRONS DE ROCHEFORT

Voici, certainement, un *Appian* de la meilleure manière du maître.

Appian a toujours une exécution sûre d'elle-même, à la fois fine et brillante. Ami des plages méditerranéennes, de la mer aux flots d'azur et aux rives ensoleillées, il nous l'a rendue sous ses mille aspects divers, tour à tour orageuse ou calme, mais toujours embellie par cette ardente poésie du Midi qui anime et fait vibrer toutes les œuvres du maître lyonnais.

La composition qu'il nous offre aujourd'hui a plus de calme, et aussi plus de grandeur. Il nous semble que l'artiste a été rarement aussi complet que dans cette belle page qu'il appelle le Tibre!!! C'est un paysage avec personnage.

Est-il trouvé? Est-il composé? Je l'ignore et ne m'en inquiète point. Tout ce que je sais, et cela me suffit, c'est que je rencontre là un heureux balancement de lignes; des détails charmants et un ensemble dont l'harmonie satisfait également et mon esprit et mes yeux.

Ce paysage lacustre est d'une grandeur sérieuse et d'une majesté paisible.

Une sorte de môle massif et lourd, formé de blocs de rochers, et couronné par une végétation opulente et touffue, s'avance comme un gigantesque promontoire au milieu des eaux qui semblent dormir à ses pieds — tout au bout, un pêcheur, dans une barque au repos, jette l'appât perfide aux poissons voraces. On passerait là de bonnes heures dans un doux rien faire.

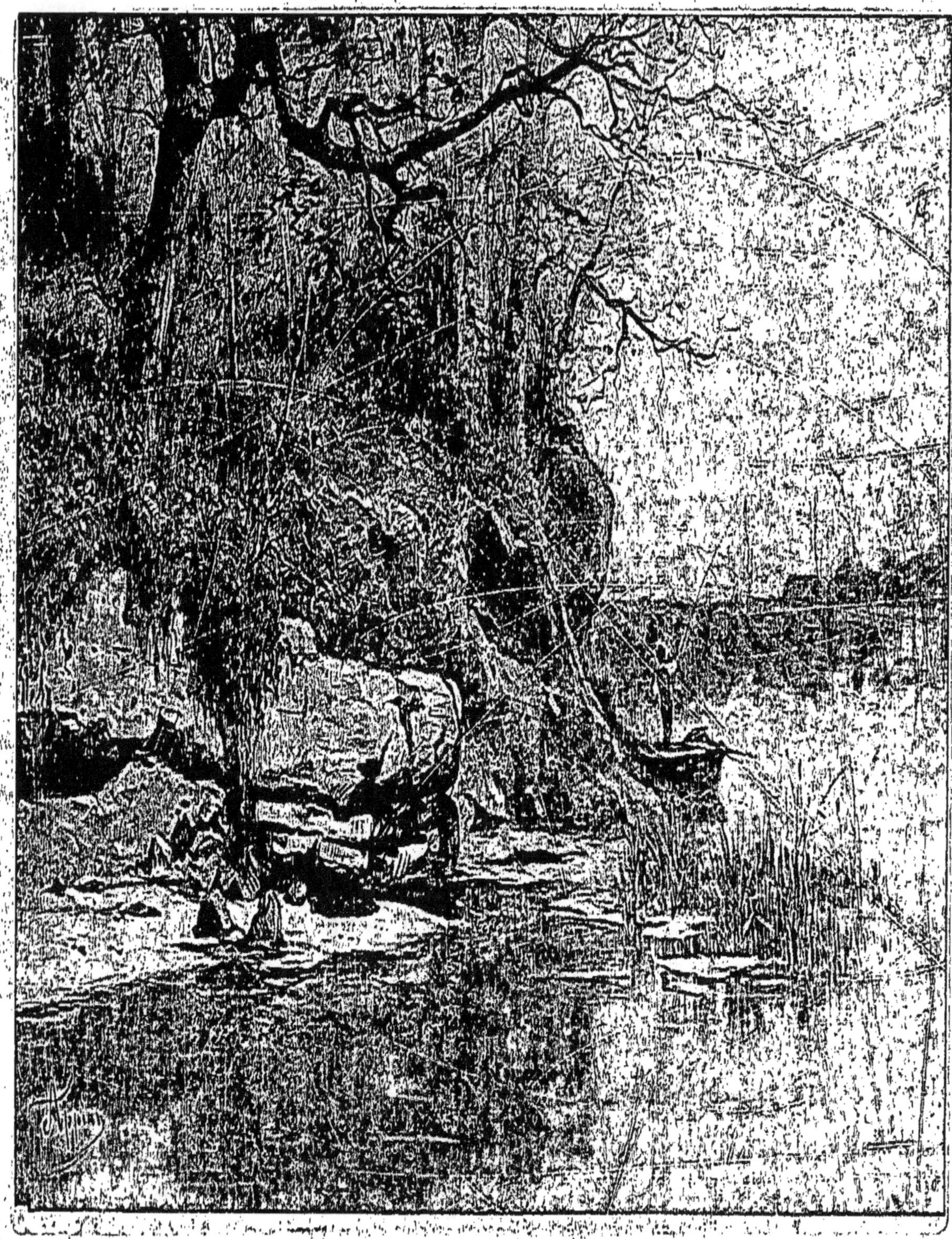

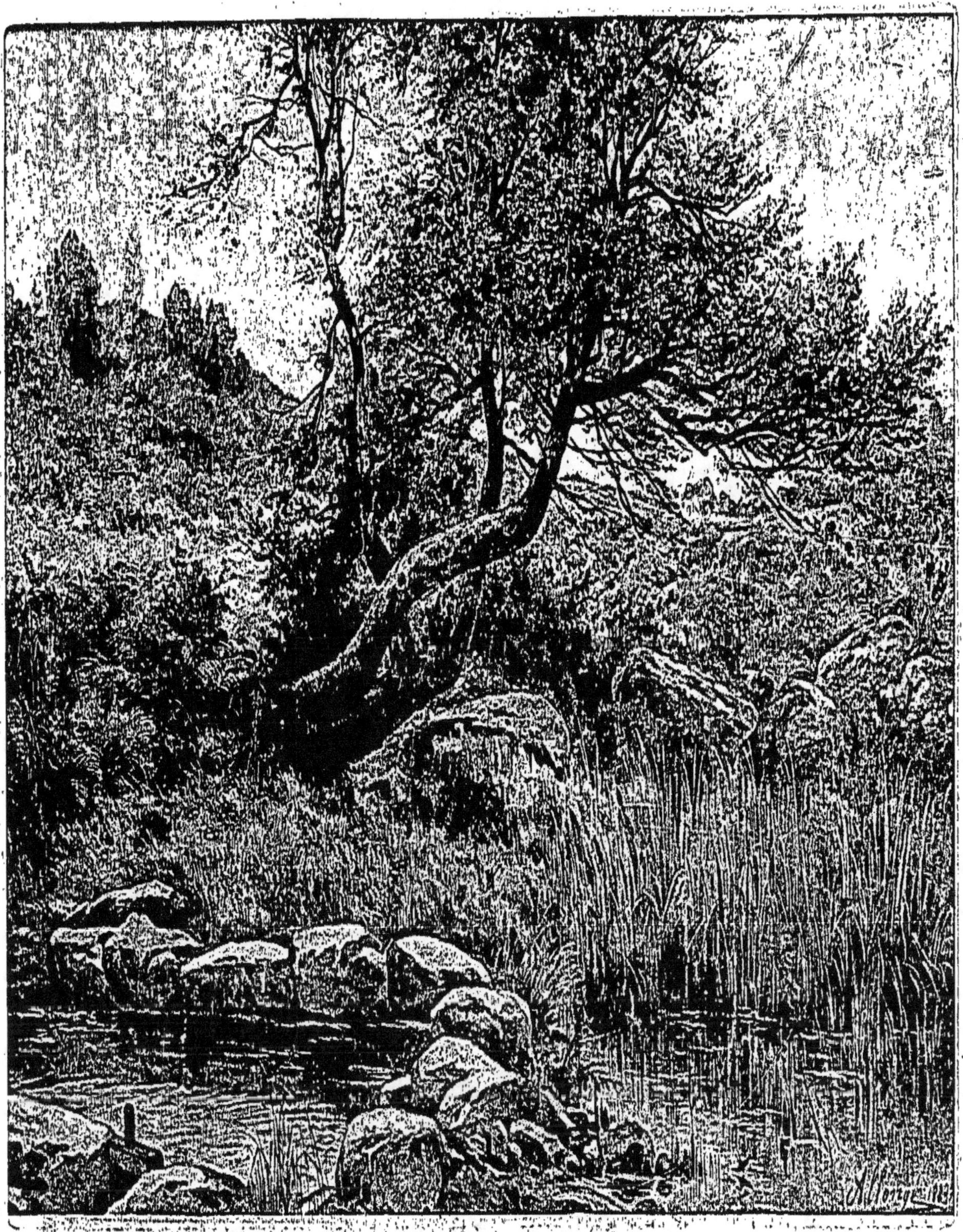

ALLONGÉ

LE LAVOIR DE LA MAISON DU CAP

Le monde appartient au paysagiste. C'est pour lui que la fleur s'épanouit dans le gazon vert; pour lui que la forêt arrondit ses dômes de verdure; pour lui que le ruisseau court en babillant sur un lit de cailloux, entre ses rives de mousse, de fontinales et de cressons; pour lui que la montagne dresse son front sourcilleux au-dessus des nuages; pour lui que la Méditerranée paisible reflète le ciel bleu dans ses eaux bleues, ou que l'Océan, plein de tempêtes, déferle avec fureur sur ses rochers, en couvrant des flocons de son écume argentée le sable d'or de ses rivages. La nature éternelle et changeante n'a été créée que pour offrir à ses pinceaux d'inépuisables sujets.

M. Allongé le sait bien, et il nous le prouve par ses œuvres d'une variété infinie. Nous le suivons, depuis de longues années déjà, dans ses incessantes et infatigables excursions, de l'Est à l'Ouest, et du Nord au Midi, toujours certain qu'il nous offrira le spectacle de quelque site enchanteur, reproduit ou interprété par lui avec ce sentiment intime et profond qui donne à toutes ses œuvres et le charme et la vie.

Aujourd'hui, c'est la Bretagne, c'est le Finistère, c'est Plougastel, qui lui fournissent le motif d'une de ses plus jolies compositions : eau paisible et profonde; grandes roches fauves couvertes de lichens et de mousses; végétation opulente et robuste. Un rêve de poète, réalisé par un peintre!

LE SÉNÉCHAL

DÉPART DES PÊCHEURS

APRÈS LE GROS TEMPS

Hélas! que j'en ai vu partir de capitaines,
Qui ne sont jamais revenus!

Il est difficile de ne point se rappeler ces vers mélancoliques du poète, en regardant le tableau de M. Le Sénéchal, très simple d'arrangement, mais, dans sa simplicité même, d'une si poignante émotion.

Nous sommes où vous voudrez, sur quelqu'une de nos côtes de l'Ouest. Hier le vent soufflait en foudre. La tempête a troublé l'abîme jusque dans ses plus intimes profondeurs et l'on entend gronder encore ses colères mal apaisées. Mais la vie a ses implacables nécessités, et le père, qui doit du pain à la famille, n'a pas le droit au chômage.

Ils le savent bien, nos marins au cœur vaillant, si familiers avec le danger qu'ils finissent par n'avoir plus peur de lui.

Ils partent donc : ils sont partis ! Les barques sont encore en vue, se livrant à la forte brise, et balancées par la houle puissante, qui soulève le sein du vieil Océan, chargées de plus de toile qu'elles n'en peuvent porter, et découpant sur l'immensité grise la blancheur de leurs voiles... Bonne chance à ceux qui partent !

Oui ! Mais ceux qui restent !

Ah ! ceux qui restent sont le plus à plaindre, car ils tremblent pour les autres. Vous pouvez voir leurs groupes pressés sur l'estacade ; ils ont l'angoisse dans le cœur, l'inquiétude sur le visage. Leur âme dans leurs yeux, ils suivent le tangage et le roulis des bateaux qui s'en vont.

Cette petite scène, fort bien conçue, M. Le Sénéchal l'a rendue d'un pinceau très net et très précis — en se tenant dans ces tonalités claires qui font valoir jusqu'aux moindres détails des choses.

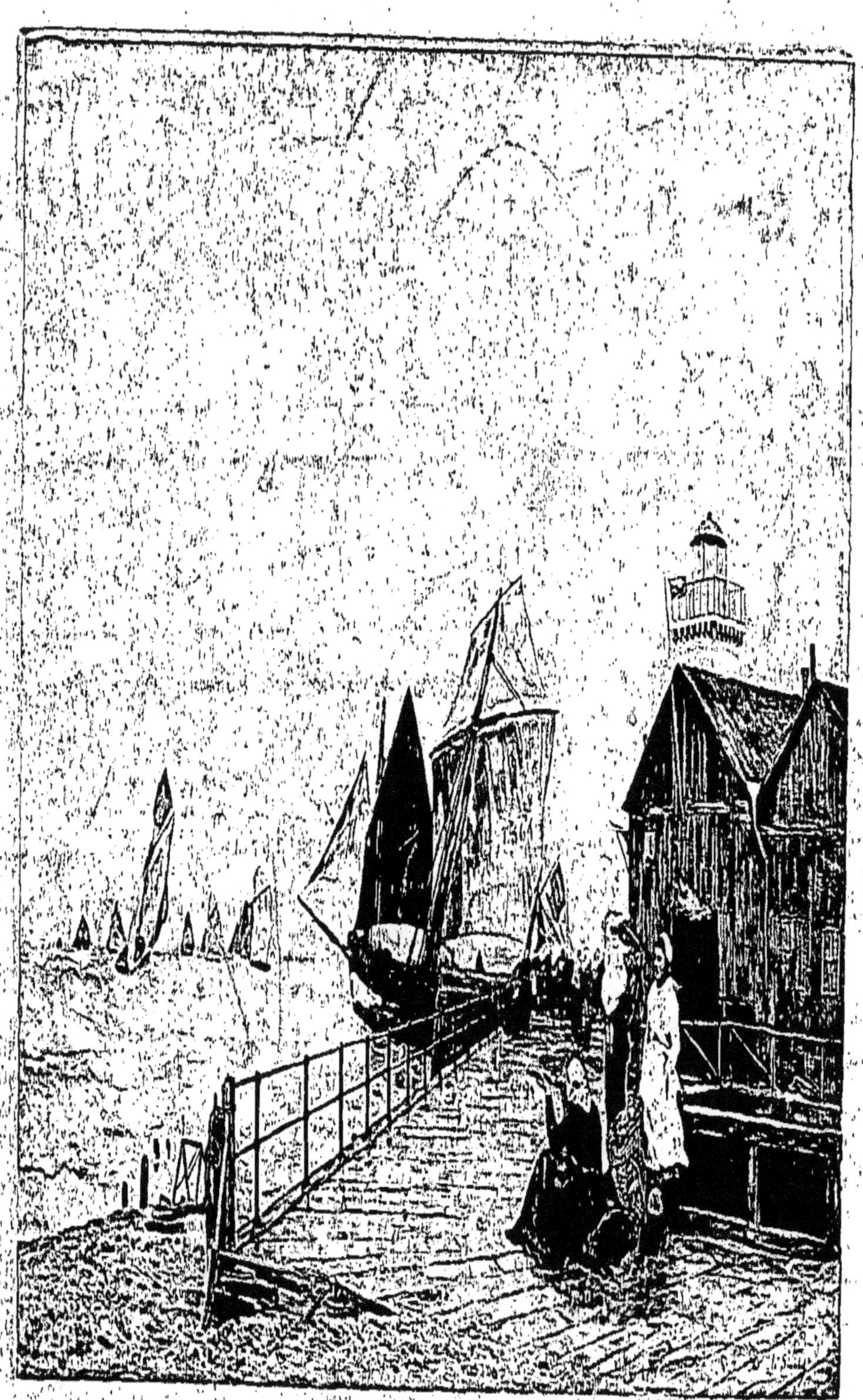

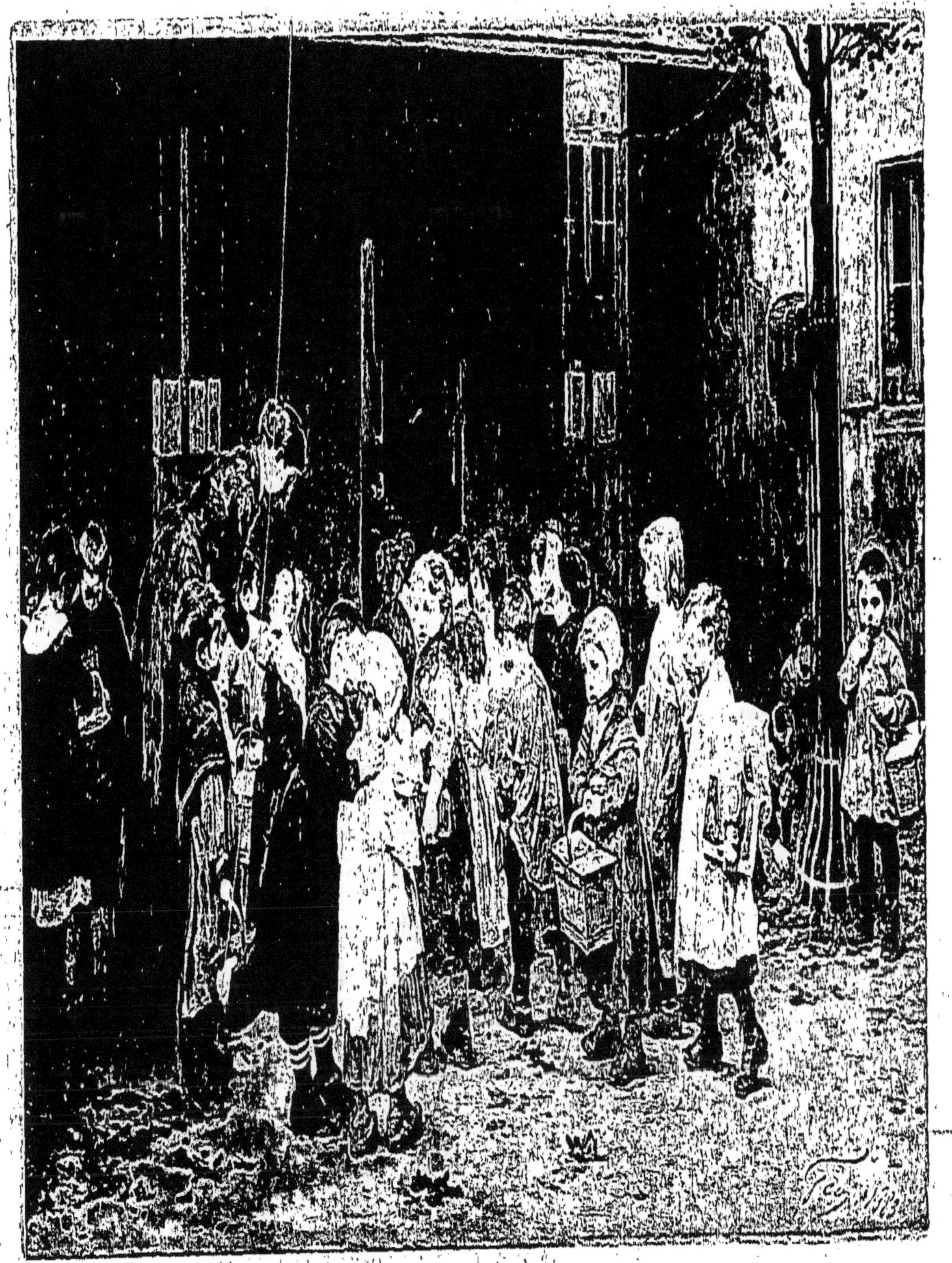

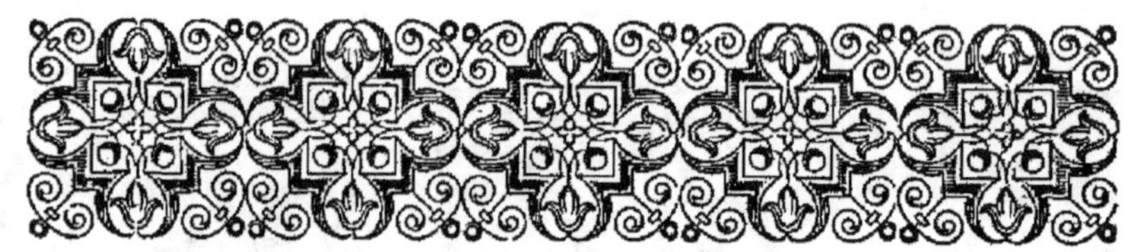

GEOFFROY

L'HEURE DE LA RENTRÉE

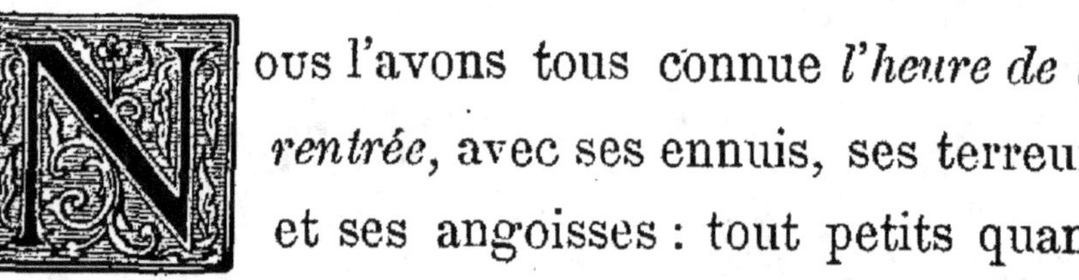

Nous l'avons tous connue *l'heure de la rentrée*, avec ses ennuis, ses terreurs et ses angoisses : tout petits quand la bonne venait nous conduire jusqu'au seuil de l'école, et nous poussait, récalcitrants et pleurards, dans le long corridor, qui semblait, comme un gouffre, s'ouvrir tout béant pour nous engloutir, nous, nos livres et nos tartines ; plus grands, quand le correspondant paternel, les vacances finies, nous ramenait au lycée maudit, et que le surveillant, sentinelle incorruptible, notait sur son calpin graisseux la minute exacte de notre arrivée, et nous faisait conduire à la cellule qui allait abriter pour un an notre sommeil et nos rêves.

La Rentrée dont M. Geoffroy nous offre le tableau très pittoresque, très observé, vraiment pris sur le vif, c'est celle des bébés d'une salle d'asile. Les voilà tous pêle-mêle, filles et garçons, pressés, entassés comme les moutons d'un troupeau, que l'on se hâte d'empiler dans la bergerie.

Ils savent bien qu'ils ne vont pas s'amuser, ces pauvres anges déguenillés, qui aimeraient mieux rester dans le paradis de leurs mansardes, sous l'œil ami et tendre de leur mère. Aussi, voyez toutes ces petites mines déconfites et malheureuses. Il y en a qui pleurent, et qui voudraient s'en aller ; il y en a qui réfléchissent gravement au moyen d'échapper à la leçon, en faisant l'école buissonnière. D'autres, philosophes précoces, se consolent en regardant le panier aux provisions, et se disent qu'après tout le moment du goûter n'est pas déjà si loin.

L'étude des types populaires du Paris contemporain est consciencieusement faite par M. Geoffroy. Ce n'est pas sa faute si le sujet manque un peu de gaieté.

COURTOIS

FANTAISIE

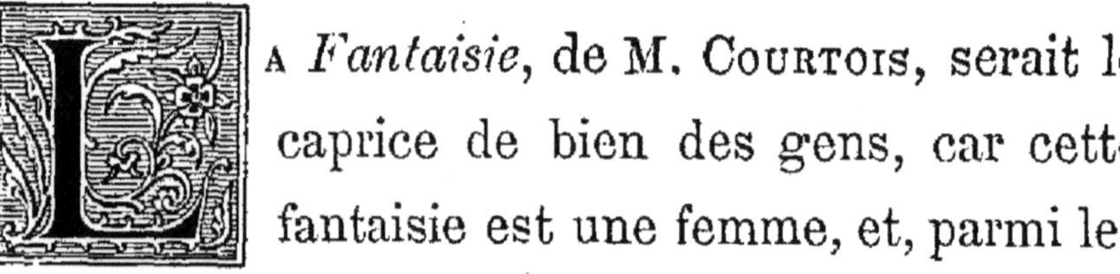

La *Fantaisie*, de M. Courtois, serait le caprice de bien des gens, car cette fantaisie est une femme, et, parmi les jeunes artistes contemporains, il en est bien peu qui peignent la femme avec la sûreté, l'élégance, le charme et la grâce que M. Courtois sait donner à toutes ses compositions.

Les lecteurs du Paris-Salon n'ont pas oublié la *Bayadère* de l'exposition de 1882, délicate, mignonne, fine de traits, parée à outrance, à demi cachée sous sa chevelure de lionne ; mais si pure de galbe, si séduisante dans sa pose nonchalante et abandonnée.

La *Fantaisie* de cette année est la jeune sœur de

la *Bayadère* de l'an passé. Elle aussi a un type étrange et une langueur morbide; mais il s'échappe de toute sa personne je ne sais quels effluves capiteux qui vous grisent et vous troublent, comme le parfum du vin nouveau : vous n'échappez point à la toute-puissante attraction de cet œil oriental, plein de flammes et de caresses, et, malgré vous, votre regard se rive à cette bouche à la fois sensuelle et tendre, qui semble vous promettre l'ivresse à la fois adorable et mortelle de ses baisers. Ah! qu'elle est bien, celle-là, de la race de ces femmes dont parle l'*Écriture*, et qui conduisent un homme au bout du monde, rien qu'avec un cheveu de leur cou.

Ajoutez une exécution matérielle très brillante; des contours modelés dans une pâte à la fois souple et ferme, un ajustement pittoresque, des détails exquis, — voyez plutôt la main gauche, avec ses longs doigts amincis en fuseaux — et la fine attache du col, relié aux épaules par une ligne si mollement onduleuse. Le vêtement, ici, semble plutôt fait pour caresser le corps plutôt que pour le couvrir, et la coloration générale est, en même temps, éclatante et douce.

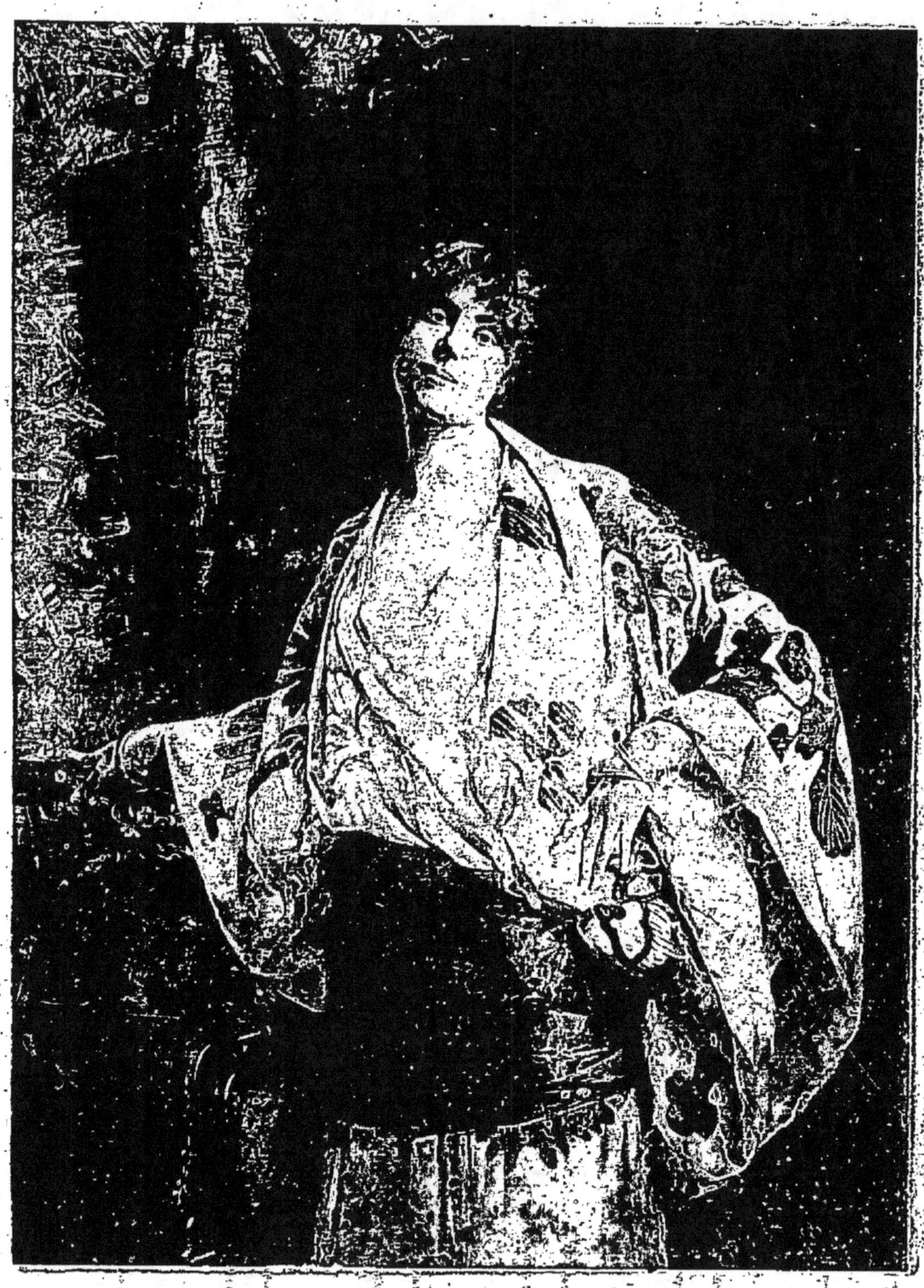

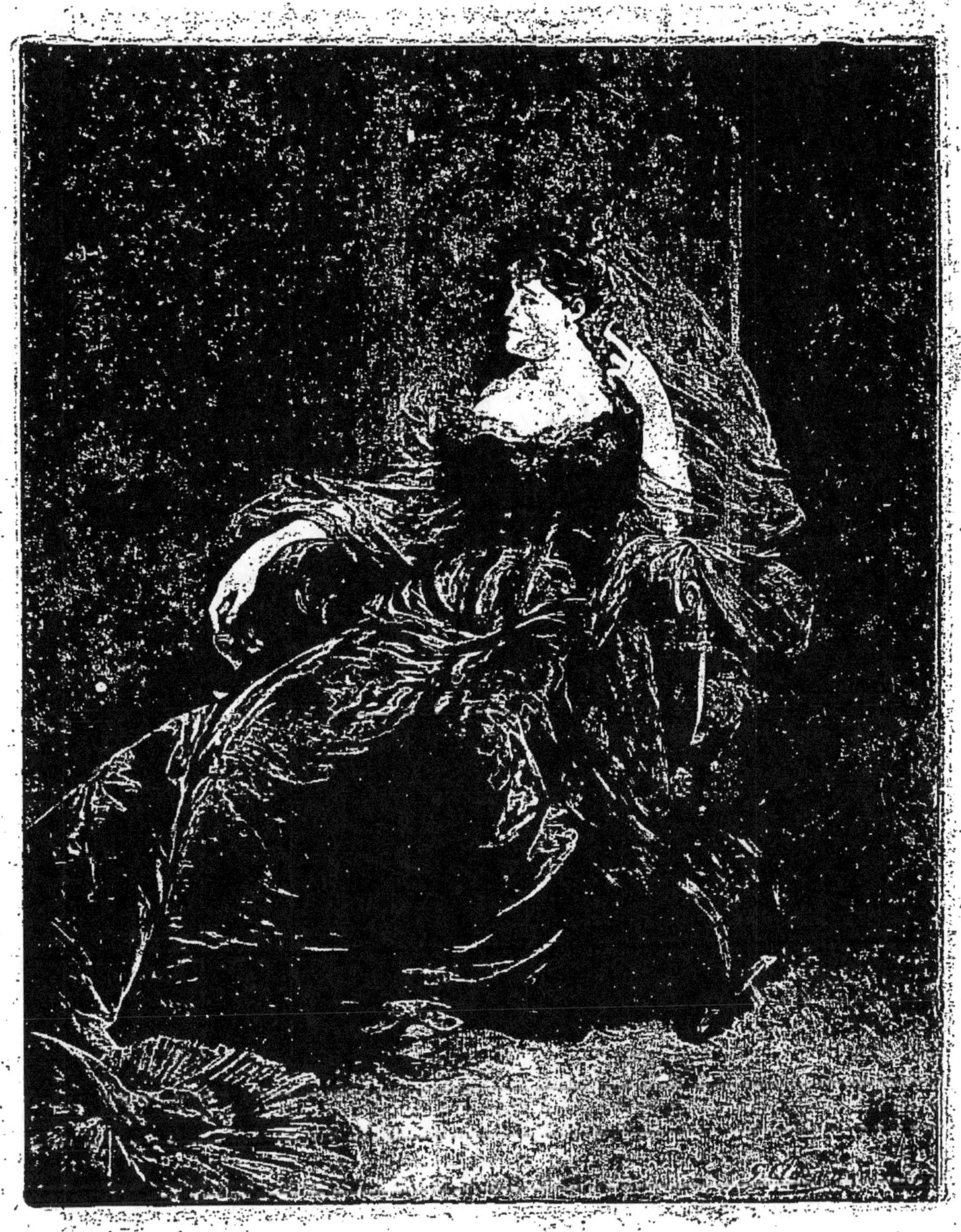

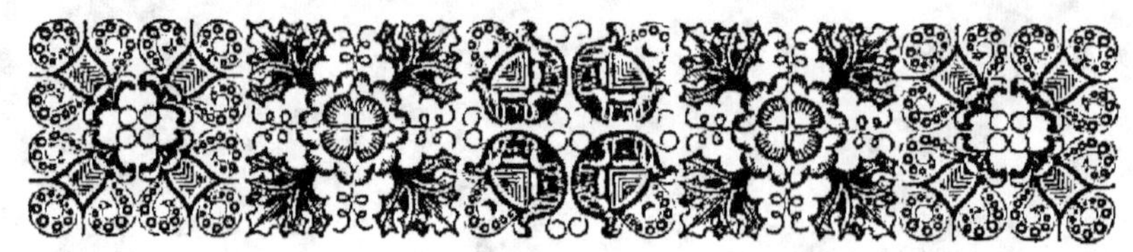

CLAIRIN

PORTRAIT DE Mme KRAUSS

Clairin, dont le pinceau brillant et léger se joue au milieu des nuages couleur de feu du ciel de l'Opéra, et qui excelle à nous montrer les génies et les déesses, dans les apothéoses du cinquième acte, semble prédestiné pour peindre une galerie rayonnante dans laquelle figureront toutes les étoiles du théâtre contemporain.

Il débute aujourd'hui avec une des plus célèbres et des plus éclatantes :

Gabrielle Krauss,

la dernière apparue dans le groupe lumineux de cette constellation des astres du Nord, qui s'appellent la *Sontag*, la *Devriendt*, la *Ungher* et la *Cruvelli*, Gabrielle Krauss ne redoute aucune de ses devancières.

Admirée à la scène, elle est remarquée partout, et ne laisse jamais personne indifférent. En la voyant, on comprend qu'elle est quelqu'un. Regardez plutôt le beau portrait de Clairin!

Elle est grande, avec le col puissant des chanteuses ; des épaules de déesse, des mains de reine, aux gestes parlants, et des bras de statue grecque. L'ovale allongé du visage ne dissimule point la saillie un peu forte du menton — indice de la volonté. Le front est d'un modelé énergique ; l'œil, enfoncé sous l'arcade sourcilière, mais plein de rayons et de flammes. La bouche, aux lèvres rouges, un peu fortes, laissant voir l'écrin des dents blanches, a gardé quelque chose des grâces charmantes de l'enfance. Adorable dans le sourire, terrible dans la colère, farouche dans la terreur, elle donne une valeur singulière à ce masque saisissant de la muse tragique, qui a valu à Clairin — un des plus habiles parmi les maîtres de la jeune école — sa plus heureuse inspiration.

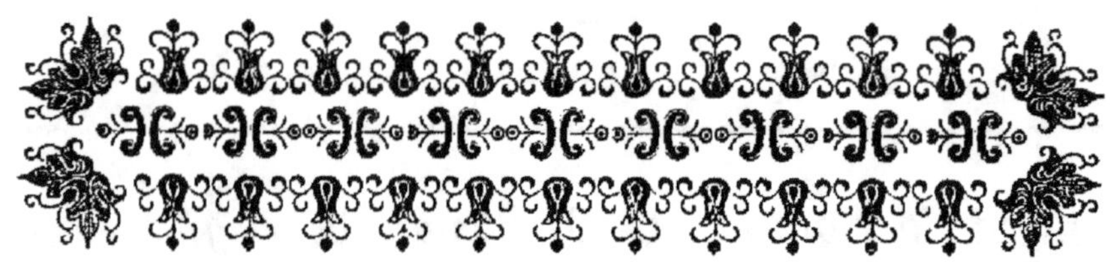

JEAN-PAUL LAURENS

LE PAPE ET L'INQUISITEUR

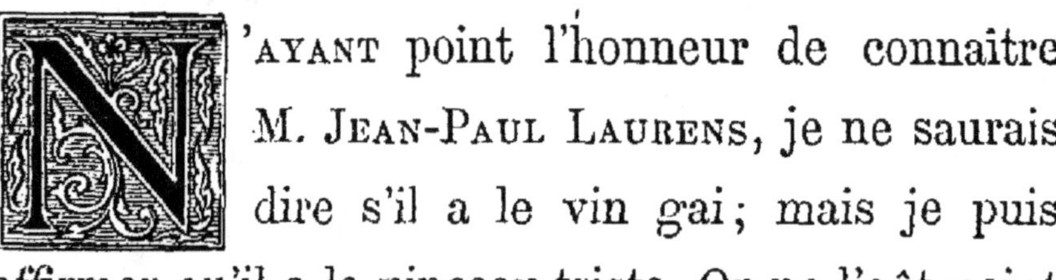

N'AYANT point l'honneur de connaître M. JEAN-PAUL LAURENS, je ne saurais dire s'il a le vin gai; mais je puis affirmer qu'il a le pinceau triste. On ne l'eût point aimé dans les boudoirs du XVIIIe siècle, et jamais la marquise de Pompadour n'eût fait de lui son peintre ordinaire. Elle aimait mieux Lancret, Pater et Watteau. Quand j'ai regardé ses tableaux le soir, je suis certain d'avoir le cauchemar toute la nuit.

On dirait qu'il s'est juré à lui-même de mettre son talent au service des sujets les plus lamentables, et qu'il veut dominer son public par l'horreur ou la terreur; mais comme son talent est très réel et très grand, l'impression produite est toujours forte et durable. *L'Interdit*, *l'Excommunication*, le cadavre du pape *Formose*, déterré, replacé sur le trône de Pierre, et jugé par son successeur, vivent dans toutes les mémoires.

Le tableau reproduit aujourd'hui par le PARIS-SALON est intitulé : le *Pape et l'Inquisiteur*. Nous sommes dans le cabinet de Sa Sainteté, et nous assistons au tête-à-tête du successeur des apôtres, et du terrible Dominique, fondateur de l'ordre des *Chiens du Seigneur* (*Domini Canes*), qui devaient mordre à belles dents la chair des hérétiques, des juifs et des relaps.

La scène est belle, émouvante et terrible dans sa simplicité même. Les deux hommes, qui traitent de puissance à puissance, examinent la charte constitutive de cette Inquisition, que l'on appela *la Sainte* — et qu'il faudrait nommer *la Maudite*. — L'intérêt du tableau est tout entier dans ces deux têtes de vieillards, peintes avec une sobriété qui n'exclut point la force : — le Dominicain implacable et froid; le Pape perplexe, hésitant, incertain. — Un Louis XI, avec une tiare pour couronne!

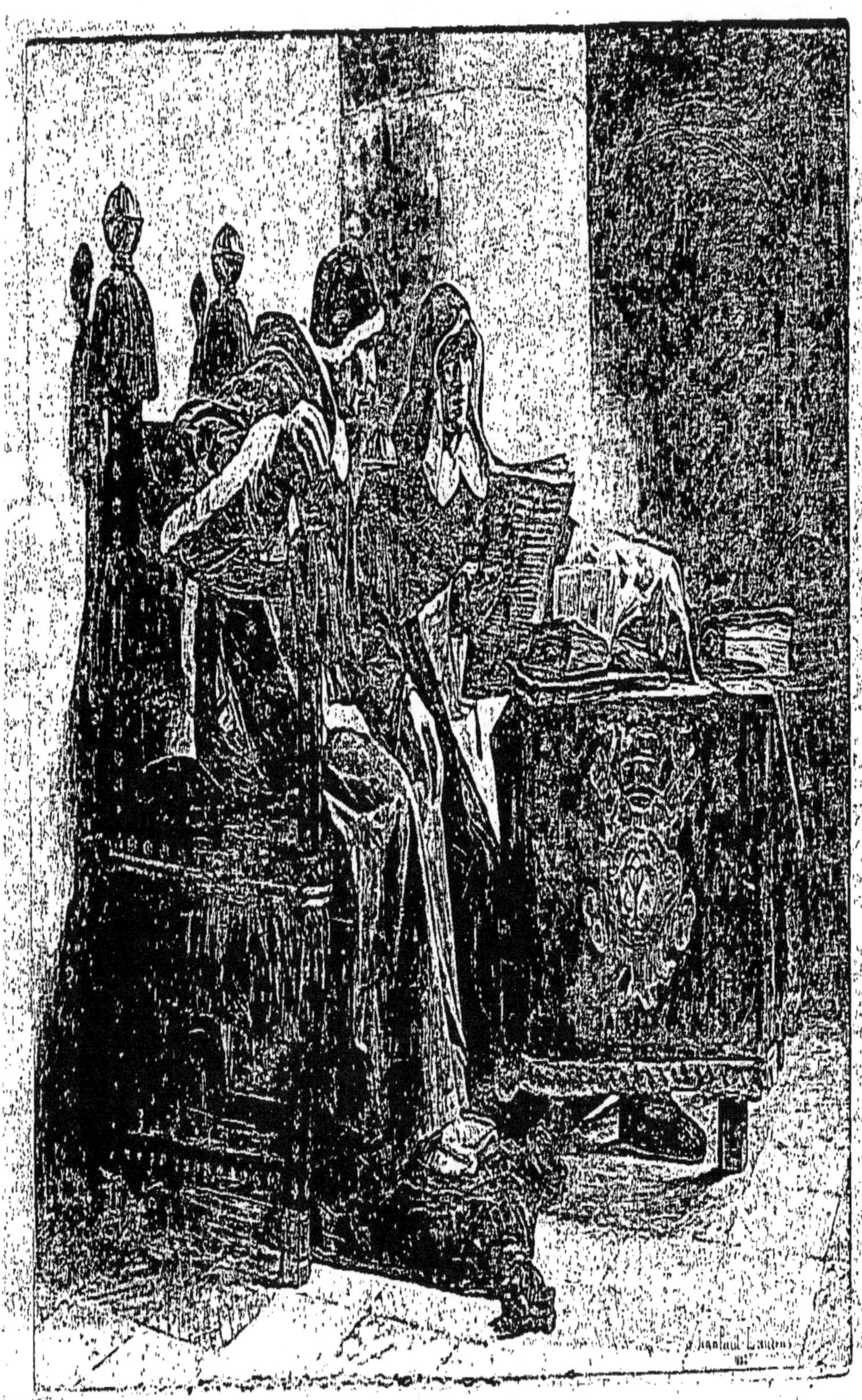

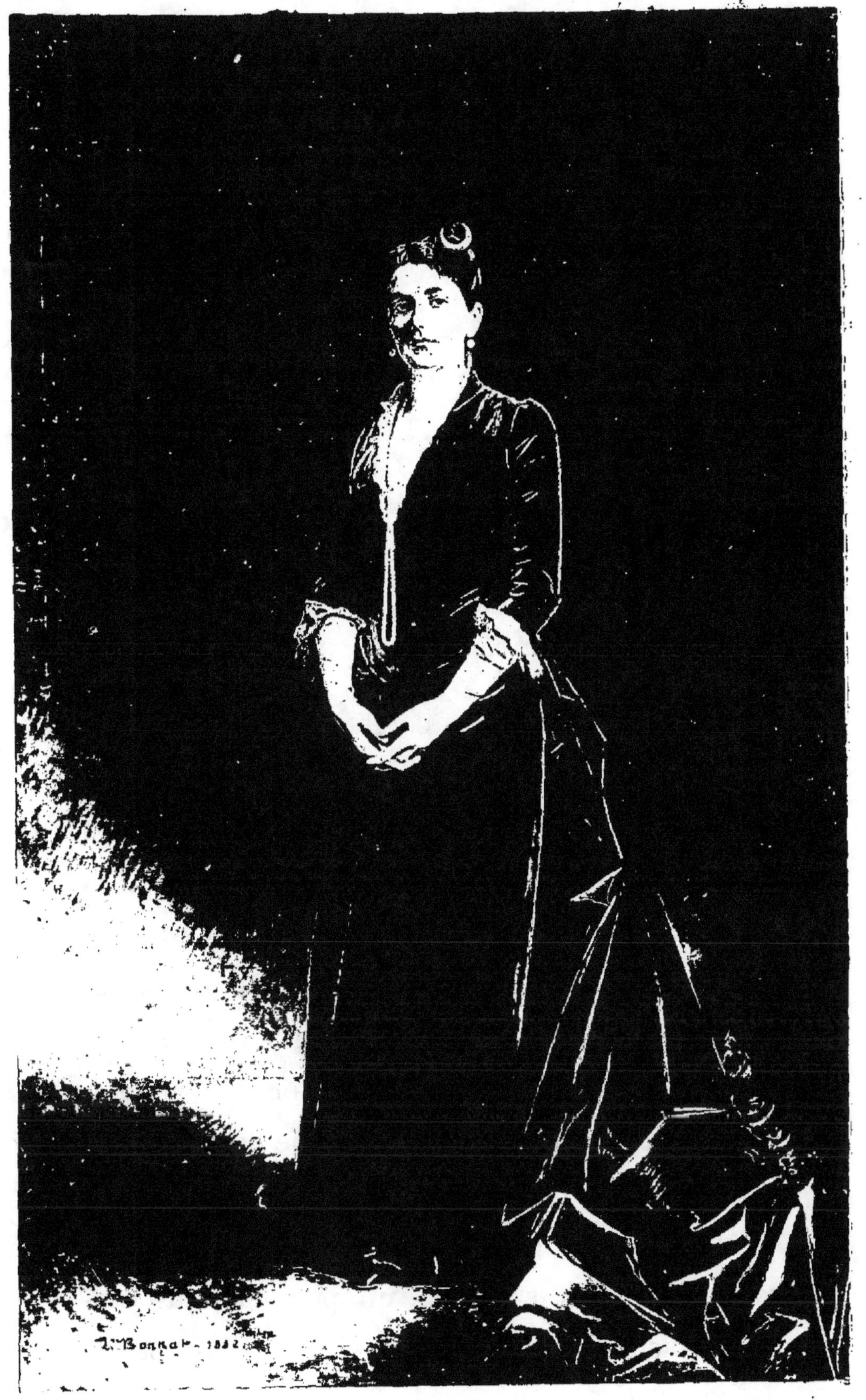

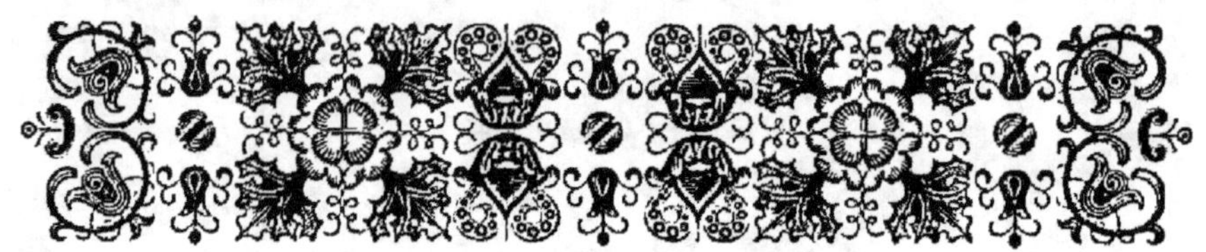

LÉON BONNAT

PORTRAIT DE Mme LA COMTESSE ***

Elle est bien comtesse, et quoi qu'elle arbore dans sa fière chevelure le croissant diamanté de Diane, au lieu de l'héraldique couronne aux neuf perles, ni d'Hozier, ni Saint-Simon ne lui demanderont de faire ses preuves, et le marquis de Dreux-Brézé, le dernier grand maître des cérémonies de l'ancienne monarchie, ordonnera qu'on lui ouvre à deux battants la porte de la galerie de Versailles quand elle viendra faire sa cour.

Son aristocratie est écrite dans toute sa personne, du front superbe, un peu hautain, jusqu'au pied mince et cambré dont l'extrémité dépasse l'ourlet de sa jupe tombant à larges plis droits. L'œil, très beau, mais souverainement calme, annonce cette absolue possession de soi-même, attribut des êtres privilégiés qui ont le sentiment de leur valeur. Sa bouche, du dessin le plus ferme et le plus correct, nous prouve une fois de plus que le pinceau du maître-peintre vaut le burin du graveur ou le ciseau du statuaire.

Toute la personne du modèle s'offre à nous dans une harmonie et un rythme de mouvement, de pose et d'attitude qui en font une œuvre d'art vraiment supérieure.

Comme toutes les pages sorties des mains de Léon Bonnat, le portrait de Mme la comtesse *** ne quittera un jour la galerie des ancêtres qui l'attendent que pour enrichir quelque musée national, impérial ou royal. Un portrait signé de ce nom glorieux est toujours promis à l'immortalité.

www.ingramcontent.com/pod-product-compliance
Lightning Source LLC
LaVergne TN
LVHW082354160826
845678LV00008B/1833
* 9 7 8 2 3 2 9 7 4 0 0 5 8 *